世界の巨匠

ティニ・ミウラの
手造り豪華本
1990－2015

勉 誠 出 版

Sekai no Kyosho
Tini Miura no Tezukuri Gokabon 1990—2015
Tini Miura:Master of Bibliophile Bindings 1990—2015

Publishing Date　:　June 23, 2016

Project Planning　:　Atelier Miura
1-4-4-1018, Mita, Meguro-ku,
Tokyo, 153-0062

Art Tec Co., Ltd.
2-8-11-603, Akasaka, Minato-ku,
Tokyo, 107-0052
Phone：03-6277-7195

Binding　:　Tini Miura

Editing,
Description,
Layout,
Photography,
Text,
Translation　:　Einen Miura

Photography　:　Katsuhiko Ushiro
Kodai Miura
Michael Forbes

Data production　:　Hironori Fukuyama

Proofreading　:　Hideki Yamamoto
Nobuhiro Wada

Publishing　:　Bensei Shuppan Co., Ltd.
3-10, Kanda-jinbocho, Chiyoda-ku,
Tokyo, 101-0051
Phone： 03-5215-9021

Printing　:　Tokyo Inshokan Co., Ltd.
1-22-12, Otowa, Bunkyo-ku,
Tokyo, 112-0013
Phone： 03-5940-5329

Binding　:　Oguchi Binding Printing Co., Ltd.
3-6, Chikumazawa-higashi,
Miyoshi-machi, Iruma-gun,
Saitama-ken, 354-0046
Phone：049-259-7577

目　　次〈Contents〉

ティニ・ミウラの
一作一品の手造り豪華本
Books bound by Tini Miura

大型版植物図鑑『ボタニカ・マグニフィカ』を制作するティニ・ミウラ（p. 80 参照）

1. 『コンコルド広場の椅子』
   Les Chaises de la Place de la Concorde

著者と挿絵 ： 東山魁夷　Kaii Higashiyama
発　行 ： 東京、求龍堂、1977 年
表紙・総革装 ： 濃緑のモロッコ革に、赤・青などの革と特殊革の装飾
見返し ： 自作のオーローグラフ、青・赤の仔牛革
花　布 ： 薄緑・緑・茶の 3 色の絹糸による手縢り
サイズ ： 33.0 × 28.0 × 2.6（㎝）
制作年 ： 2000 年
デザイン ： 著者（1908−1999）は日本の画家、著述家。パリ・コン
　　　　　コルド広場の椅子が囁きかけてくる、挿絵のきれいな詩画
　　　　　集。風にはためく青・白・赤の三色旗は、フランスの国旗を
　　　　　表し、乱舞する葉はパリの街路樹のマロニエをイメージした。

【右頁】

2. 『橋をかける』子供時代の読書の思い出

   Building Bridges
   Reminiscences of Childhood Reading

著　者 ： 皇后美智子　Her Majesty, Empress Michiko of Japan
発　行 ： 東京、すえもりブックス、1998 年
表紙・総革装 ： 濃茶のモロッコ革に、多様種の特殊革のオンレイ装飾
見返し ： 金の特殊革と金箔押し
花　布 ： 青・薄青・グレーの 3 色の絹糸による手縢り
小　口 ： 三方／オリーブグリーンの色染め
サイズ ： 22.2 × 13.4 × 1.9（㎝）
制作年 ： 2013 年
内容とデザイン ： 皇后美智子は、第 26 回国際児童図書評議会のニ

ューデリー大会（1998年）に基調講演者として招待されたが、参加できないので「子供の本を通しての平和－子供時代の読書の思い出」という長文のメッセージをよせた。

　戦争中、疎開先の住居が３度も変わったという物不足の中、兄が持っていた『世界名作選』の内の３冊を父が疎開先まで届けてくれて幾度も読み返したという。その中にはソログーブの『身体検査』、ワイルドの『幸福の王子』、チャペックの『郵便配達の話』、トルストイの『人は何によって生きるか』など超一流の作家の本が次々に出て来る。

　皇后は『世界名作選』の中で「心の踊る喜び」を与えてくれた詩として、ロバート・フロストの「牧場」をあげている。

　　牧場の泉を掃除しに行ってくるよ。
　　ちょっと落葉をかきのけるだけだ。

　　（でも水が澄むまで見てるかも知れない）
　　すぐ帰ってくるんだから――君も来たまへ
　　　（以下省略）

　大学生になって、大学図書館でこの詩の原文に巡り会い、記憶がぴったりと重なった。「この原文を読んで私が感服したのは、私がかつて読んだ阿部知二の日本語訳の見事さ、美しさでした」と賛美の言葉を述べている。

　フロスト（1874-1963）は、アメリカの詩人でニューイングランドの農村生活を題材とした作品が多く、しかも社会的・哲学的な文章は国民的な人気が高い。ピューリッツァー賞を４度も受賞している。

　表紙デザインは、この詩をイメージして図案化した。

上巻　表紙

3.　株式会社ミツカングループ本社
　　創業 200 周年記念誌　全 2 巻

　　上巻『MATAZAEMON 七人の又左衛門（新訂版）』
　　下巻『尾州半田発　限りない品質向上を目指して』

　　Mitsukan Co., Ltd. Group Headquarters
　　The 200th Anniversary of its Foundation　2 vols.

　　　"Seven Matazaemons" vol.1
　　　"Departure from Bishu Handa,
　　　　　for the Improvement in Quality" vol.2

発　行：愛知・半田、ミツカングループ本社、2004 年
表紙・総革装：濃紺（上巻）、オリーブグリーン（下巻）のモロッコ
　　　　革に、色々な革のオンレイ装飾と金・プラチナ箔押し
見返し：金・銀の特殊革
遊び紙：オーローグラフ
花　布：濃紺・薄青・ピンク（上巻）、緑・草・ピンク（下巻）の各

　　　　　3 色の絹糸による手縢り
小　口：濃紺・青・白（上巻）、濃紺・オリーブグリーン・草（下巻）
　　　　などの顔料によるマルチ装飾
サイズ：30.6 × 21.0 × 2.0（上巻）、2.6（下巻）（㎝）
制作年：2004 年
デザイン：全 2 巻の表紙に使用した濃紺とオリーブグリーンの 2 色
　　　　の革は、優しい自然環境を表し、画面左から右へ順に、桜・
　　　　蝶・紅葉・鶴を配し、日本の風土を育んだ［春夏秋冬］と
　　　　日本古来の［花鳥風月］という伝統的な構図とした。なだ
　　　　らかな曲線は、日本列島の山並みと海洋を表した。左から
　　　　右へ移り変わる全体の構図を V 字形にして、株式会社ミツ
　　　　カングループ本社の躍進を表し、また上巻・下巻を合わせ
　　　　るとシンボル・マークが一致する。これは永遠なる自然と
　　　　人間愛の融合と調和を願いとしてデザインした。
遊び紙のデザイン：上巻・［一歩一歩着実に前進］
　　　　　　　　　下巻・［自然と人間愛］という題でデザインした。

下巻　表紙

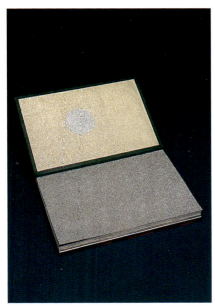

上巻・見返し

上巻・遊び紙［一歩一歩着実に前進］

下巻・見返し

下巻・遊び紙［自然と人間愛］

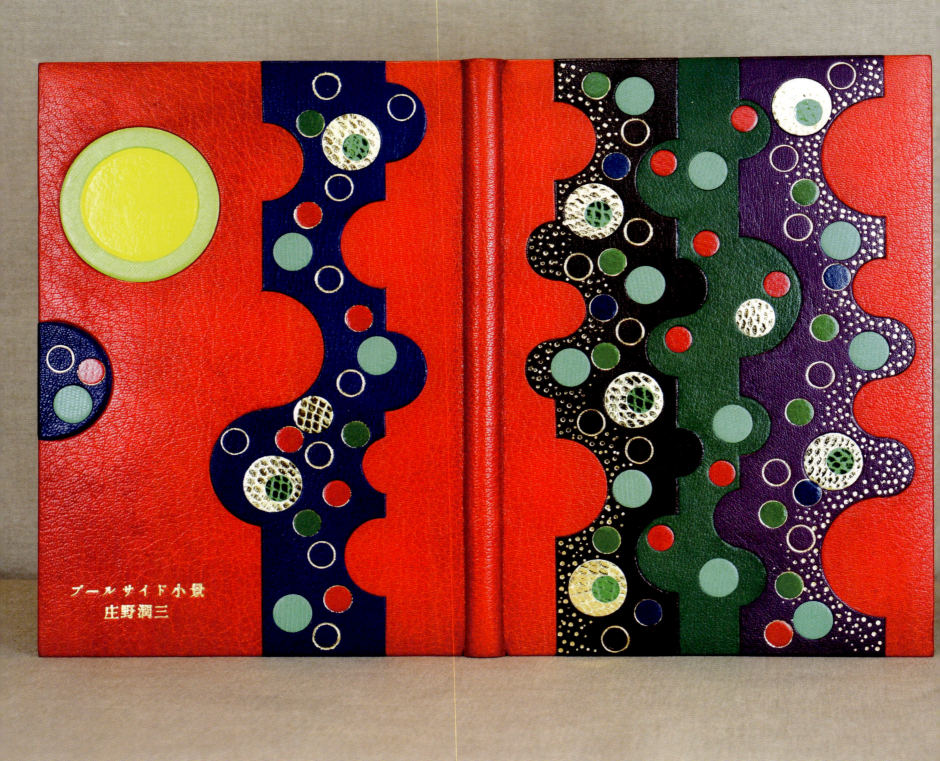

4. 『プールサイド小景』
Scene at the Swimming Pool

著　者：庄野潤三　Junzo Shouno
発　行：東京、牧羊社、1973年、限定500部
表紙・総革装：赤のモロッコ革に、多様種の革のオンレイ装飾と金
　　　　　箔押し
見返し：金の装飾革と黒の仔牛革
花　布：黄・薄緑・青の3色の絹糸による手縢り
小　口：天金
サイズ：30.0 × 20.9 × 1.9（㎝）
制作年：2010年

内容とデザイン：使い込みが発覚して会社をクビになった夫。平凡
な家庭を舞台に展開する家庭生活の光と闇を淡々と描写す
る短編小説の名作。庄野潤三（1921−2009）は、昭和
30（1955）年、この作品で第32回芥川賞を受賞。
　表紙デザインは、夫婦仲に亀裂が入っていく様と、結末
の「プールはひっそりと静まり返り、夕風が吹いて水面に
時々細かい小波をはしらせている」という情景をイメージ
した。

5. 『美徳のよろめき』

The Precipice of Virtue

著　者：三島由紀夫　Yukio Mishima
発　行：東京、大日本雄辯會講談社、1957 年、限定 500 部
表紙・総革装：赤茶のモロッコ革に、多様種の革のオンノイ装飾と
　　　　　金箔押し
見返し：金の特殊革と黒の仔牛革
花　布：濃紺・赤・白の 3 色の絹糸による手縢り
小　口：三方金
サイズ：29.4 × 21.7 × 2.5（㎝）
制作年：2009 年

内容とデザイン：人妻の不倫を描いた長編小説で、当時ベストセラ
　　　　　ーになり、「よろめき」が流行語にもなるほどだった。三島
　　　　　由紀夫（1925−1970）の耽美主義の傑作。
　　　　　　表紙デザインは、人妻とその不倫相手の関係をイメージ
　　　　　した。

6.　『北欧紀行　古き町にて』

Old Towns　Travel Sketches of Northern Europe

著　者：東山魁夷　Kaii Higashiyama

発　行：東京、明治書房、1964 年、限定 100 部

表紙・総革装：濃緑のモロッコ革に、赤・黄・紫・緑・青などの革
　　　　　のオンレイ装飾と金・プラチナ箔押し

見返し：黒・緑の仔牛革

花　布：緑・黄緑・青の 3 色の絹糸による手縢り

小　口：天／黒鉛（グラファイト）にデザイン

サイズ：39.1 × 28.6 × 5.5（㎝）　　制作年：1992 年

デザイン：北欧の豊かな自然の中、日の出の新鮮な朝をイメージした。

参　照：p.86 に同名の本がある。

7.　『ダヴィデの詩編』　旧約聖書の一書
The Psalms of David（Old Testament）

発　　行：サンフランシスコ、アリオン・プレス、The Arion Press、
　　　　　1977 年、限定 200 部
表紙・総革装：濃緑のモロッコ革に、多様種の革のオンレイ装飾
　　　　　白蝶貝・黒蝶貝の象眼と金箔押し
見返し：金の特殊革と濃紺の仔牛革
遊び紙：オーローグラフ
花　　布：薄青・茶・緑の３色の絹糸による手縢り
小　　口：三方金、天／カット
　　　　　　　　　前小口・地／アンカット
サイズ：35.1 × 23.2 × 4.0（㎝）

制作年　：2012 年
内容とデザイン：全５巻 150 編からなる、神への賛美の詩集。
　　　　　表紙デザインは、古代イスラエル王ダヴィデ（紀元前
　　　　　1040－紀元前 970）が奏でる竪琴の弦の響きの美しさを
　　　　　金箔押しと多色の革で表し、またダヴィデの瞳が弦を通し
　　　　　て神への崇拝を表している。

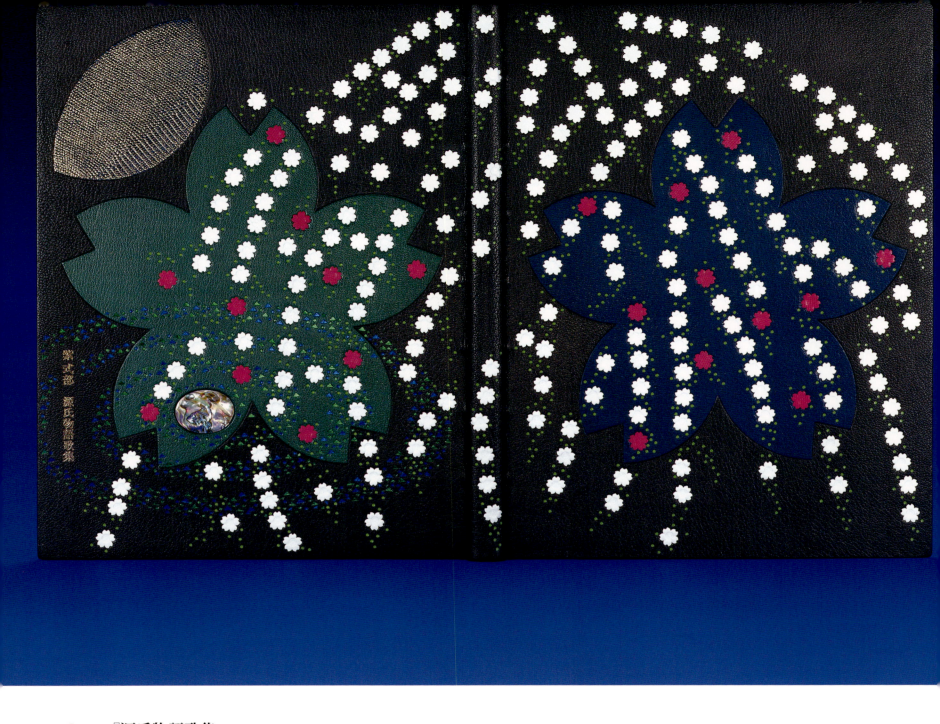

8. 『源氏物語歌集』

Waka Poetry of the Tale of Genji

著　者 ：紫式部　Murasaki Shikibu

表紙・総革装 ：黒・青のモロッコ革に、白・ピンク・青・緑などの
　　　　　　　革のオンレイ装飾。黄緑・緑・青などの箔押しとメキシコ
　　　　　　　貝の象眼

見返し ：濃青・緑の仔牛革に、ピンク・白などの革のオンレイ装飾

サイズ ：37.5 × 28.0 × 2.3（㎝）

制作年 ：2001 年

内容とデザイン ：紫式部（970 頃−1010 頃）の『源氏物語』に収
　　　　　　　録された和歌約 800 首を手造りの染紙、継紙、重紙など
　　　　　　　の料紙に書写した大作。

表紙デザインは第 44 帖「竹河」の場面で、3 月の桜の
美しい季節、蔵人少将は玉鬘邸で囲碁に興ずる姉妹二人の
姫君の姿を見て心が奪われ夢中になる。

　姫君たちは風の強い夕暮、桜の花が乱れ散るのを見て詠む。

桜ゆゑ風に心のさわぐかな
　　　思ひぐまなき花と見る見る

風に散ることは世の常枝ながら
　　　うつろふ花をただにしも見じ

これらの場面をイメージした。

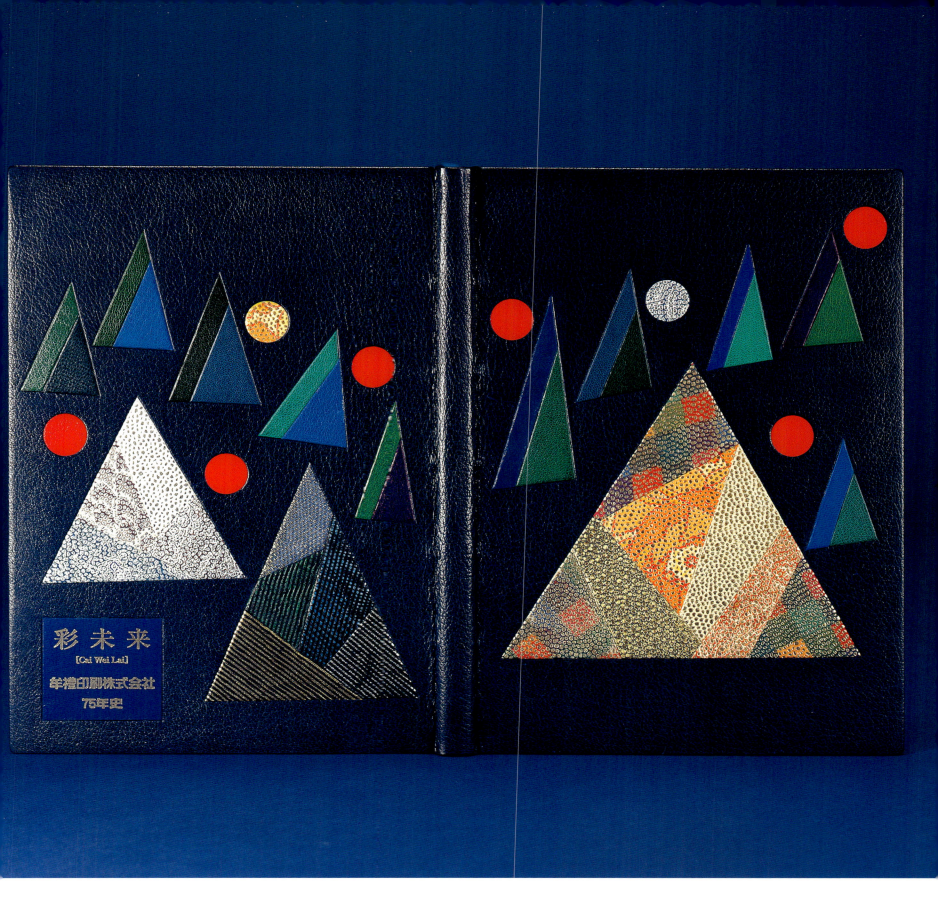

9. 『彩未来　Cai Wei Lai』
牟禮印刷株式会社75年史
The 75 Years History of the Mure Institute

発　行：高松、牟禮印刷株式会社、2001年
表紙・総革装：濃紺のモロッコ革に、緑・濃青・青・薄青・赤など
　　　　の革と特殊革のオンレイ装飾
花　布：薄青・濃青・緑の3色の絹糸による手縢り
小　口：天／青の塗り染めに青・緑など4色のパラガケ
サイズ：30.5×21.1×2.0（㎝）
制作年：2001年

内容とデザイン：企業理念
　　　　　「私たちは心をつなぐ情報互感で、
　　　　　　お客様の未来を彩り、
　　　　　　夢を実現します。」
　　　　をイメージした。
参　照：p.88,104に同名の本がある。

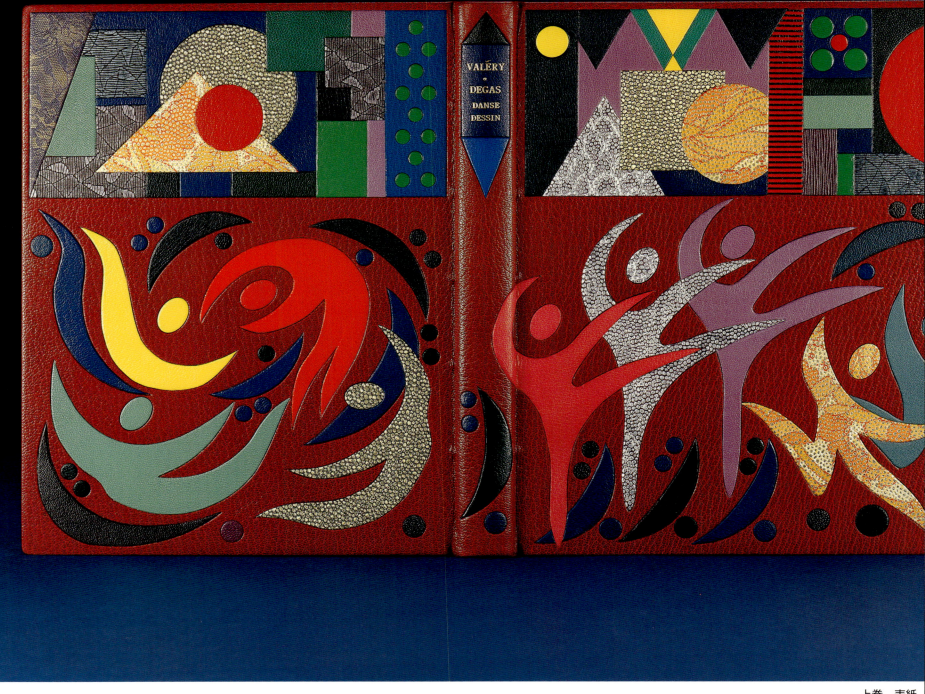

10.　『ドガ：ダンス・デッサン』　全2巻

Degas : Danse Dessin　2 vols.

著　者：ポール・ヴァレリー　Paul Valéry

挿　絵：エドガー・ドガ　Edgar Degas

発　行：パリ、アンブローズ・ヴォラール、1936年、
　　　　限定325部

表紙・総革装：濃紫（上巻）・薄紫（下巻）のモロッコ革に、赤・青・
　　　　緑などの革と多様種の特殊革のオンレイ装飾

見返し：ピンク（上巻）、濃紺（下巻）の革

遊び紙：オーローグラフ

花　布：紫・グレーの2色の絹糸による手縢り

小　口：ピンクの下地に薄紫と紫のパラガケ

サイズ：上巻／33.0 × 25.5 × 3.4（㎝）
　　　　下巻／33.0 × 25.8 × 2.3（㎝）

制作年：2001年

内容とデザイン：ドガ（1834−1917、フランスの印象派の画家、
　　　　彫刻家）のバレエの踊り子たちを素描したデッサン集に、
　　　　ヴァレリー（1871−1945、フランスの作家、詩人）がド
　　　　ガの芸術的観察・評論散文・逸話などを述べている。
　　　　　表紙の上部には劇場の大がかりな舞台装置を、下部には
　　　　踊る踊り子たちを配置している。

20

下巻　表紙

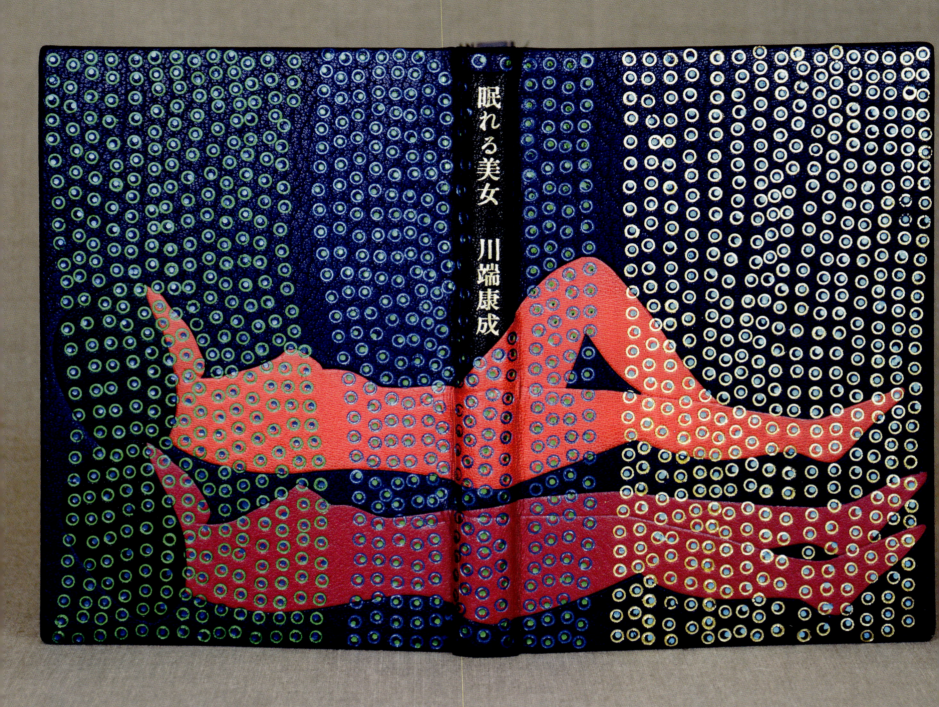

11. 『眠れる美女』

House of the Sleeping Beauties

著　者：川端康成　Yasunari Kawabata

発　行：東京、新潮社、1961 年

表紙・総革装：濃紫のモロッコ革に、多様種の革のオンレイ装飾と
　　　　　　緑・濃紺の箔押し

見返し：金の特殊革と緑の仔牛革

花　布：黄・薄緑・濃紺の3色の絹糸による手縢り

小　口：三方／濃紺の色染め

サイズ：19.2 × 12.8 × 1.9（㎝）

制作年：2005 年

内容とデザイン：老人の性を描いた作品で、谷崎潤一郎の「瘋癲老
　　　　人日記」と双璧をなすと評され、世界の文学界に与えた影
　　　　響は極めて大きい。

　　著者（1988–1972）は、日本を代表する小説家。
1968 年ノーベル文学賞受賞。p.188 を参照。

　　表紙デザインは、老人が秘密クラブの一室で、薬によっ
て眠らされている全裸の若い娘と添い寝して、逸楽にふけ
る様子をイメージにした。

12. 『剣』

The Sword

著　者：三島由紀夫　Yukio Mishima
発　行：東京、講談社、1963年
表紙・総革装：黒のモロッコ革に、銀の特殊革のオンレイ装飾
見返し：薄青の革
花　布：茶の革
小　口：三方金
サイズ：20.8×14.3×1.5（㎝）
制作年：2010年

内容とデザイン：大学剣道部の主将で心身とも剣の道に打ち込んでいた主人公と部員との人間関係を描いた短編小説。思想と行動を修練し、知行合一の世界を展開する三島由紀夫（1925-1970）ならではの美学を探求した代表作の一つ。デザインは、武士道精神の倫理と道徳をイメージした。

上巻　表紙

13.　『JAZZ in Japan 1963–1974』全2巻
　　三浦功大写真集

著者・写真：三浦功大　Kodai Miura
発　　行：東京、西田書店、1992年、限定50部
表紙・総革装：黒のモロッコ革に、多様種の特殊革の
　　　　　　　オンレイ装飾とプラチナ・金箔押しと空押し
見返し：金と銀の特殊革と赤と緑の仔牛革
花　布：（上巻）黒・グレー・ダークグレーの3色の
　　　　　絹糸による手縢り（下巻）特殊革
小　口：天／黒鉛地にJAZZの白ヌキ（上巻のみ）
サイズ：（上巻）30.4 × 21.0 × 2.6（cm）
　　　　　（下巻）35.9 × 26.2 × 2.0（cm）
制作年：2013年
内容とデザイン：著者（1942–2013）が、来日した
　　　　　ジャズメン約150名の熱狂あふれる演奏シ

ーンを、弱冠19歳の学生時代から12年間にわたって撮り続けた写真集である。
　アート・ブレーキー、カウント・ベーシー、ソニー・ロリンズ、マックス・ローチ、ジョージ・ルイス、オスカー・ピーターソン、ルイ・アームストロング、デューク・エリントン、マイルス・デイビス、ベニー・グッドマンなど超一流の演奏家の迫力ある音楽が今にも伝わってくるような写真構図で撮り続け、超一流の写真家として揺るぎない地位を築き上げた。
　表紙デザインは、デューク・エリントンの"The Feeling of Jazz"が奏でるピアノのリズム感ある独特な音楽を聴きながらデザインした。

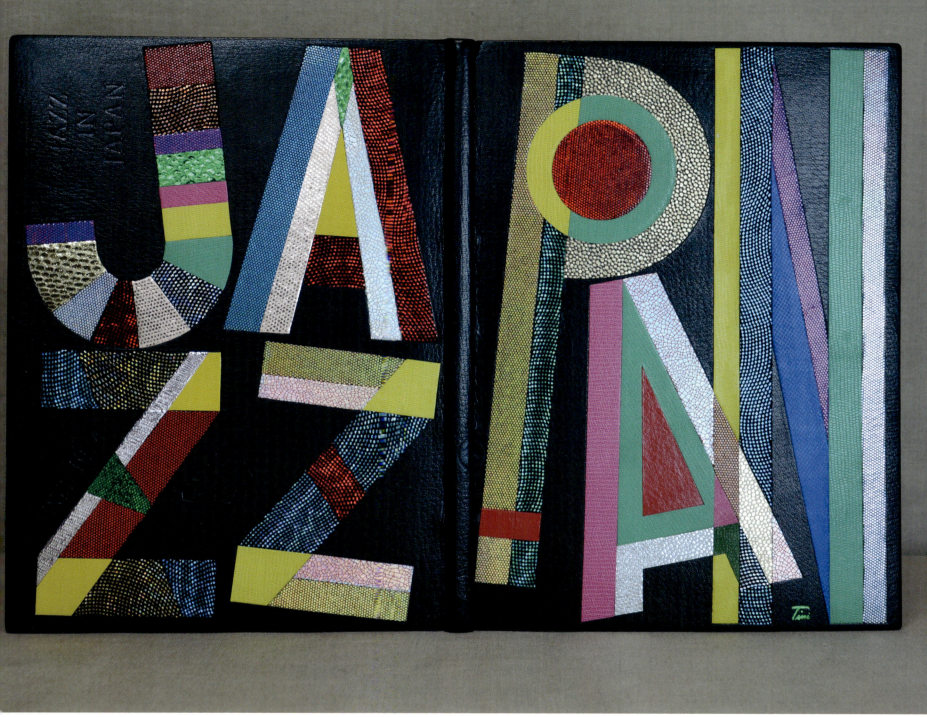

▲ Louis Armstrong
◀ Roland Kirk

Benny Goodman

Sonny Rollins

超大型版植物図鑑『ボタニカ・マグニフィカ』 キャビネット入り全5巻

スミソニアン国立自然史博物館内のコールマン図書館にて

ワシントンDCにあるスミソニアン国立自然史博物館

14. 超大型版植物図鑑

『ボタニカ・マグニフィカ』全5巻

Botanica Magnifica　5 vols.

写　真：ジョナサン・M. シンガー　Jonathan M. Singer
写真アシスタント：マリサ　S. シンガー　Marissa S. Singer
解　説：W. ジョン・クレス　Dr. W. John Kress
　　　：マーク・N. ハチャドリアン　Mark N. Hachadourian
印　刷：コーン・エディションズ　Cone Editions
和　紙：吉田泰樹　Yasuki Yoshida
ブック・デザイン：ティニ・ミウラ　Tini Miura
タイプ・セッティング：ティニ・ミウラ　Tini Miura
レイアウト：ティニ・ミウラ　Tini Miura
見返しマーブル紙：三浦永年　Einen Miura
製本装幀：ティニ・ミウラ　Tini Miura
　　　：三浦永年　Einen Miura
製本アシスタント：マーク・キルッヒナー　Mark Kirchner
陳列保管棚：グレッグ・ショクレイ　Greg Shockley

表紙・総革装：濃茶のオアシス革に、黄緑のオアシス革と特殊革の
　　　　　　　オンレイ装飾と金箔押し
見返し：マーブル・ペーパー
花　布：以下の各巻は全て3色の絹糸による手縢り
　　　　第1巻 Orchidaceae ── ライラック・ラズベリー・薄ピンク
　　　　第2巻 Florilegium ── 橙・赤・緑
　　　　第3巻 Proteus ── 濃紺・ベージュ・銀ネズミ
　　　　第4巻 Zingiberaceae ── 青・薄緑・ピンク
　　　　第5巻 Botanicus ── 薄ピンク・緑・薄茶
小　口：三方／アンカット
サイズ：106.7 × 71.1 × 5.1（cm）
制作年：2008 年
デザイン：各巻の表紙は、茶の革を用い、植物にとって必要不可欠
　　　　　な土壌を表し、花や葉は色彩・構図とも幻想的なものにし、
　　　　　永遠なる自然に願いを込めてデザインした。
参　照：p. 80 に同名の本がある。

＊世界中に生息する植物の原種を長きにわたって探し求め、貴重な植
　物250種を撮影した記録図鑑。既に絶滅した種が多数含まれている。
＊縦103cm、横70cmの厚手の手漉き楮和紙は日本の富山県八尾で

350 枚制作され、、印刷は米国のバーモント州イースト・トップシャム
にてインク・ジェット印刷で行なわれた。
＊解説は、ワシントン DC のスミソニアン国立自然史博物館のジョン・ク
レス博士とニューヨーク植物園のマーク・ハチャドリアン研究員が担当。
＊マーブル・ペーパーの制作は、東京のアトリエ・ミウラで行なわれ、紙
は㈱日本製紙の中性紙 NT ラシャ・ひわ・130kgを用い、白一色の絵
の具で装飾されている。
＊各巻に製本用のアフリカ産の山羊革の一種であるオアシス革6枚、全
5 巻、合計 30 枚が使われている。
＊製本装幀作業は、カリフォルニア州ロングビーチのティニ・スタジオで
行なわれた。
＊この超大型本全5巻は、1 部のみ制作され、特別に作られた桜木製の
陳列保管棚に収納され、現在ワシントン DC にあるスミソニアン国立
自然史博物館に所蔵されている。

Strongoldon macrobotry *Philippines*

Pachypodium gracilius *Madagascar*

Victoria amazonica *Brazil*

Boophone haemanthoides *South Africa*

第1巻

第2巻

第3巻

第4巻

第5巻

超大型版植物図鑑『ボタニカ・マグニフィカ』　第5巻　Botanicus

◀ロスアンゼルスの製本工房スタジオ・ティニからワシントンDCにあるスミソニアン国立自然史博物館に、『ボタニカ・マグニフィカ』が輸送され、館内の展示物（南米チリの沖合いのイースター島の古代神秘モアイ像）の前をカートに乗せて運ぶクレス博士。

◀館内のコールマン図書館で、木箱から厚布におおわれた『ボタニカ・マグニフィカ』の第5巻を運び出すクレス博士とシンガー氏。

◀第5巻を見るクレス博士、シンガー氏と博物館女性スタッフ。

【右頁・上】
　第5巻の革表紙を見るクレス博士とシンガー氏。
【右頁・下3点】
　第5巻の表紙部分拡大図

超大型版植物図鑑『ボタニカ・マグニフィカ』　第５巻　Botanicus　表紙部分拡大図

以上 4 点の写真と p.27 の右上 4 点の写真はジョナサン・シンガー氏提供

ページのトリミング

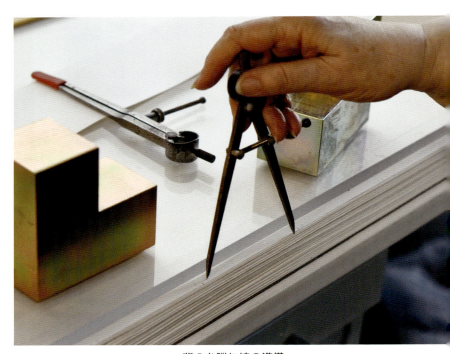

背の糸縢り線の準備

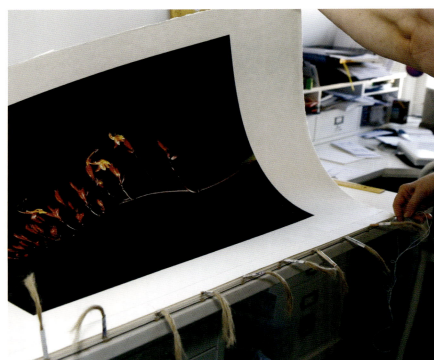

糸縢り

トリミング後のページ

膠を使っての背固め

バッキング後の背固め

表紙の取り付け

革の被せの準備

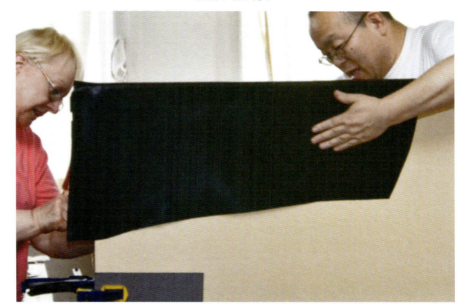

革の被せ

装飾革の選択

装飾革の取り付け

超大型版鳥類図鑑『アメリカの鳥』全4巻

凸版製本㈱の図書室にて

アトリエ・ミウラにて『アメリカの鳥』を解体するティニ・ミウラ

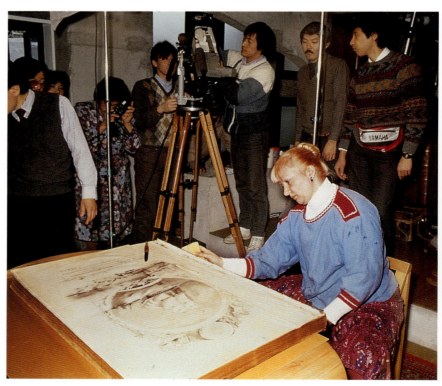

アトリエ・ミウラにて解体作業を撮影する取材陣

American White Pelican

Great Horned Owl

Northern Cardinal

Little Blue Heron

15. 超大型版鳥類図鑑『アメリカの鳥』全4巻
The Birds of America　4 vols.

画家で博物学者のジョン・ジェームズ・オーデュボン（1785−1851）が、1827年から38年までに刊行した超大型版鳥類図鑑『アメリカの鳥』（全4巻、435枚の図版入り）はアメリカ人が出版した本として最も価値があると言われてきた。現在この本はワシントンDCにあるスミソニアン国立自然史博物館に所蔵されている。時価15億円とも言われる。

1854年アメリカ東インド艦隊司令長官ペリーは、2度目の日本来航の際、このセットを13代将軍徳川家定に贈呈しているが、今日この本の所在はわかっていない。

オーデュボン生誕200年記念として、ニューヨークのアベヴィル出版社とオーデュボン鳥類学会の共同で復刻版（総革装 50部・無線綴じ200部）の制作計画が進められ、ティニ・ミウラに解体・修理・製本・デザインが依頼され、学会所蔵のダブル・エレファント・フォリオ判（100×70×7〜10㎝）の大きな初版本が日本に空輸されてきた。

復刻版の見返しのマーブル紙制作は三浦永年が担当。110×30㎝の中性紙約6,000枚を制作するのに1年を要した。

本文用紙はこの本のため鳥類学会と出版社の名前の透かし入り特漉き中性紙がアメリカで作られ、印刷は凸版印刷㈱が最大18色を使用したオフセット印刷、製本は凸版製本㈱が全て手造りで行なった。全4巻と解説書全7巻の1セットあたりに使用された革は、大型豚革16頭分にもなり、表紙の革にほどこされた金箔押し作業は、1セットあたり57回というすべての分野で最高の技術を駆使して復刻版が制作された。

本の表紙

中国の姫君トゥーランドット

伯爵夫人と黒人の小姓

16. 『劇中の登場人物』
Personnages de Comédie

著　者：アルベルト・フラメント
　　　　Albert Flament

挿　絵：ジョルジュ・バルビエ
　　　　George Barbier

彫　り：フランソワ＝ルイ・シュミード
　　　　François-Louis Schmied

発　行：ジュール・メイニアル
　　　　Jules Meynial
　　　　パリ、1922年、限定150部

表紙・総革装：黒のモロッコ革に、ターコ
　　　　イス・濃紺・オレンジオリーブの

丸背夫婦函

革のオンレイ装飾と金箔押し
見返し：オレンジのモロッコ革に、黄・濃緑・
　　　　赤・ピンクの革の装飾と金箔押し
花　布：青・緑・オレンジの3色の絹糸に
　　　　よる手縢り
小　口：三方／アンカット
サイズ：37.2 × 29.5 × 3.0（㎝）
丸背夫婦函：エメラルドグリーンのオアシ
　　　　ス革に、黒・オレンジの革のオン
　　　　レイ装飾と黒・プラチナ箔押し
制作年：2012年
デザイン：本／孔雀
　　　　　函／龍

美しきエレーヌ

王妃フェードルと義理の息子イポート

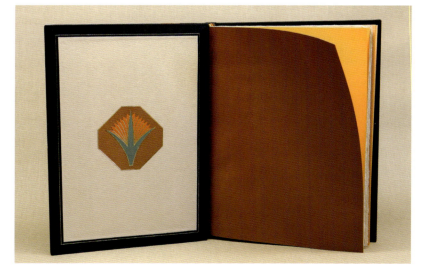

本の見返し

17. 『真実を話す本』 古代エジプト教典から

Le Livre de la Vérité de Parole
Transcription des Texts Égyptiens Antiques

仏　訳：ドクトル・ジョセフ＝シャルル・マドリュース
　　　　Dr. Joseph-Charles Mardrus
出版・挿絵：フランソワ＝ルイ・シュミード
　　　　François-Louis Schmied
発　行：パリ、1929 年、サイン入り、限定 150 部
表紙・総革装：黒のモロッコ革に、白・橙・薄茶・茶などの革のオ
　　　　ンレイ装飾と金箔押し
見返し：ベージュのウルトラ・スウェードに茶・緑・橙・赤の革の
　　　　オンレイ装飾と金箔押し

丸背夫婦函

花　布 ： 茶・橙・黄の3色の絹糸による手縢り

小　口 ： アンカット

サイズ ： 35.0 × 26.3 × 4.3（㎝）

丸背夫婦函 ： グレーのオアシス革に、茶・薄茶などの革のオンレイ
　　　　　　装飾と金箔押し。赤茶のオアシス革

サイズ ： 38.4 × 30.0 × 6.2（㎝）

制作年 ： 2013年

デザイン ： この本は『古代エジプト記』の「言葉の真実」の翻訳で、
　　　　　　呪文による永遠なる門戸開放から始まる儀式の本。

参　照 ： p.159に同名の本がある。

18. 米国製本装幀大学

The American Academy of Bookbinding

創立の経緯

1990年から1992年までの3年間、米国コロラド州テリュライドのアー・ハー美術学校でティニ・ミウラと三浦永年の「手造りの製本装幀本の授業」に米国国内のみならず海外から多くの学生が集まり、実践主導の授業が成功したのを受けて、三浦永年が高度な製本装幀の教育機関の設立を提案。

1993年新たにティニ・ミウラ、三浦永年、ダニエル・タッカーの3名が共同で、上記の米国コロラド州テリュライドに米国製本装幀大学を創立。この3名が教授・理事となり、学長にティニ・ミウラが就任した。

創立の目的

手造り製本装幀本の制作の高度な技術の取得とヴィジュアル的に芸術性の高い本の制作で、最終的には世界トップクラスの製本装幀芸術の職業専門技術者を育成することを目的とする。

入学資格

製本装幀芸術に興味を持ち、自分でやってみたいという意欲を持っている人であれば年齢、性別、国籍、学歴など関係なく誰でも入学することができる。

授　業

実践的授業は、基本的には月曜日から金曜日までの5日間、朝9時から5時までだが、教室は生徒がいつでも制作活動出来るように、土曜日・日曜日関係なく24時間オープンとした。しかも各生徒に鍵が与えられた。

また、ヨーロッパの伝統的な製本技術を継承しながら現代的な製本技術、特にフランス式製本技術を主体とした全て手造りの実践的コースを設けた。

　＊総革装製本装幀本　＊背革装製本装幀本　＊花布
　＊シミーズ　＊オンレイ式革装飾　＊金箔押し
　＊夫婦函　＊本のデザイン　＊小口装飾　＊装飾紙
　＊スリップケース　＊ブラス・スタンプによる金箔押し
などの制作の初級、中級、上級コースがある。

学　生

いろいろな授業コースを受講した生徒は、創立時の1993年から2003年までの11年間延べ数300名で、国別では
　アメリカ　　カナダ　　プエルトリコ　　ブラジル
　アルゼンチン　　ドイツ　　日本　などからである。

卒業資格

＊最低限5年間在学し、芸術的で実践的な技能取得のため、授業課程の終了までに20冊以上の総革装装幀本と論文を提出し、全ての審査に合格した生徒に大学の卒業証書が与えられる。

1994年

1994年

左右の写真は1994年　近くのサン・ミゲール川河畔にて

2003 年

2003 年

2003 年

2003 年

2002 年

2002 年

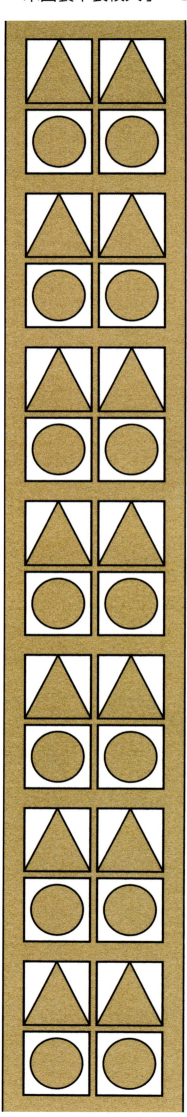

1994 年

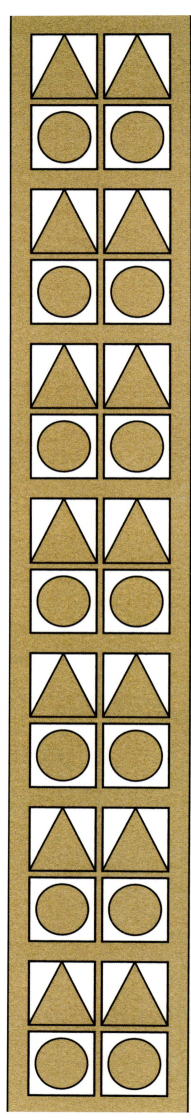

ティニ・ミウラ　Tini Miura

　ドイツ・キール生まれ。ドイツ、スイスで製本装幀を学んだ後、フランス・パリのエコール・エスティエンヌ美術大学で学ぶ。これまで日本のノーベル賞受賞者川端康成などの「ノーベル賞賞状」、超大型版鳥類図鑑『アメリカの鳥』、超大型版植物図鑑『ボタニカ・マグニフィカ』をはじめ、蒐集家の愛蔵本、公式文書など多数制作。個展はパリ、ボストン、東京、上海などで 40 回以上開催。著書に『私の製本装幀芸術の世界』『ティニ・ミウラの世界』『美しい本』などがある。略歴は p. 214 に記載されている。

三浦 永年　Einen Miura

　早稲田大学政経学部、ロンドン大学大学院に学ぶ。1975 年ティニと結婚、翌年帰国後アトリエ・ミウラを設立。著書『魅惑のマーブル・ペーパー』はドイツ語、仏語、英語に翻訳された名著。ヨーロッパの伝統的なマーブル・ペーパーの研究者、蒐集家、制作者として世界の第一人者。約 10,000 枚のマーブル・ペーパーと約 5,000 枚のペースト・ペーパーの蒐集は圧巻。またロートレック、ミュシャなどアール・ヌーヴォー期の石版画ポスター蒐集家として、世界的に有名。宮城県美術館、川崎市市民ミュージアムなどに寄贈した約 700 点をはじめ多くのコレクションがある。

ダニエル・タッカー　Daniel Tucker

　米国・ニューヨーク州のロチェスター工科大学大学院で印刷工学を学ぶ。フィラデルフィアのテンプル大学の准教授を務める。私家版タートル・アイランド・プレスの共同所有者で、出版した書物は限定本でメトロポリタン美術館、グーテンベルグ博物館など世界の図書館、博物館に所蔵されている。1989 年コロラド州テリュライドに本と物語のアー・ハー美術学校を設立する。

講師陣

　創立者で教授のティニ・ミウラを中心に構成、講師は海外からも招聘された。
　　ハンス＝ペーター・フローリッヒ　Hans-Peter Fröhlich
　　エレノアー・エドワーズ・ラムゼイ　Eleanore Edwards Ramsey
　　ジョン・フランクリン・マオリー　John Franklin Mowery
　　ルイス・ジェネスト　Louise Genest

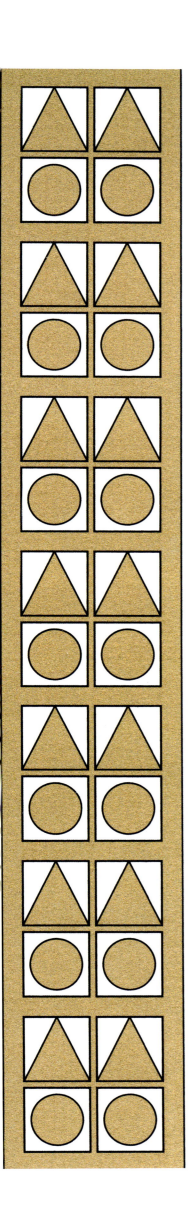

AMERICAN ACADEMY
of
BOOKBINDING

　創立にあたり、ティニ・ミウラと三浦永年が大学のシンボル・マークの制作を担当した。

　図の上部２つの▲▲印は、American Academy の頭文字 AA の２文字で、ロッキー山脈の山並みと学校の飛躍的発展を表し、図の下部の２つの●●は bookbinding の oo からヒントを得、■■は紙と本を意味して、図の中央の天地左右の＋印は町の名前 Telluride のイニシャル T の小文字 t を表し、■■▲▲●●■■印の複合によって、古風で趣のある鉱山町の名残あるアメリカン・スタイルの街並みを表現している。

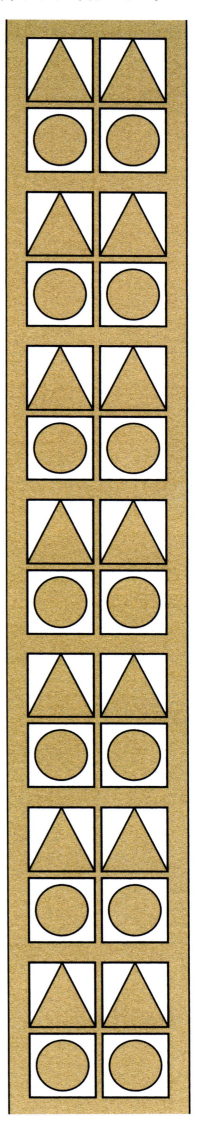

第1回卒業式記念写真　テリュライド・ウィルキンソン公立図書館前にて
写真は左から三浦永年教授、ティニ・ミウラ学長、ジョン・F.マオリー講師、モニーク・ラリエール審査員、ダニエル・タッカー教授、エレノアー・E.ラムゼイ講師

第1回卒業式

The 1st Graduation Ceremony

　記念すべき第1回米国製本装幀大学の卒業式が、2003年5月23日午後5時からウィルキンソン公立図書館テリュライド・ルームで、教授、審査員、卒業生、その家族など約60名の出席のもとに盛大かつ厳粛に開催された。初めに事務局長リンダ・スピナーから各人が紹介された後、創立者で学長のティニ・ミウラが開校11年目にして初めて卒業生を出す喜びの感謝と、祝辞を述べた。引き続き創立者で教授のダニエル・タッカーが大学の創立の歴史と祝辞を述べた。そしてまた創立者で教授の三浦永年から日本で特別に作られた卒業証書が難関を突破した新卒業生に授与された。この後図書館の正面玄関前で記念撮影が行なわれ、喜びを分かち合った。

　また夕方6時30分からルスティコ・レストランで新卒業生・家族・教授・審査員などが出席し、卒業記念ディナー・パーティが行なわれた。
　また創立から2003年までの11年間の業績を讃えて、ティニ・ミウラ、三浦永年、ダニエル・タッカーの3人に終身教授の栄誉が与えられた。

ジェフリー・アルトピーター
Jeffrey Altepeter

私がボストンにあるノース・ベネット・ストリート製本学校で、手造りの製本装幀の技術を勉強している時、米国製本装幀大学があることを見つけた。この製本学校での基礎科目に高度の技能を得る為に、私は1998年に米国製本装幀大学に入学した。ティニ・ミウラの指導のもとで手造りの洗練された製本装幀本の制作に取り組み始めた。私は長い間の研修と短い実技指導の中で、多くの素晴らしく情熱的な先生たちと一緒に制作する幸運をもった。

多くの先生は高いレベルのプロフェッショナル技能を教えてくれたが、特にティニのそれは必要とするものばかりであった。それは彼女の生涯の研究、蓄積から来る多くの知識と熟練をもって、私たちに教えてくれた。経験は人から人へ伝達される。2003年に米国製本装幀大学を卒業した私は自身が学んだことを通して、究極的には将来にいろいろな人にこの技法を教えることだとわかった。

2007年ノース・ベネット・ストリート製本学校の先生になった。常勤の製本学校の教師として、生徒に完全な職人技能を伝えるために情熱を持ち続けたいと思っている。

キャシー・アデルマン　Cathy Adelman

1999年の春に、シカゴのコロンビア・カレッジから技能講習会の日程表を受け取った。そこにはティニの講座「表紙の革の金箔押しとオンレイ装飾」があり、すぐに申し込み、ティニのもとで学ぶことが多かった。

その年の夏に、私は米国製本装幀大学に入学し、ティニのもとで学び始めた。私は学校、学習、人々の態度が好きになり、フランス式製本装幀の授業に夢中になっていった。

それ以降、合計5年5回、テリュライドで良く学び、良く遊んだ。大学は芸術的な手造りの製本装幀本の制作を目的とする唯一のものと言える。

私は2003年にこの大学の卒業証書を受け取った。私は米国製本装幀大学の素晴らしさをいろいろな人々に紹介する義務があると思い、今もそれを実行している。

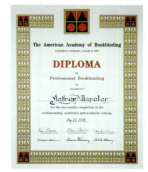

マーク・キルッヒナー
Mark Kirchner

2003年に米国製本装幀大学を卒業してから既に10年が過ぎた。いまだにティニ・ミウラと三浦永年の両人に対し深い感謝の念を言葉で表すことは難しい。

次の時代の手造りの製本装幀本の職人を育成するための学校を創設するという2人の夢、先生から生徒へじっくりとした伝達は、私が製本装幀に必要とした技能以上のものであった。私は製本装幀の工程に行き詰まったとき、目を閉じるとティニが見える。そして教室に戻り、私の必要とする工程の制作方法を鮮明に見ることができる。人生の全てを学ぶために、ティニの言葉、考え、情熱は、私を強くした。また「米国製本装幀大学での経験で最も重要だったのは何か」と尋ねられるたびに、ためらいなく私は「全てを学ぶという強い精神の中に育つ友情」と答える。

シンシア・フィールズ＝ベランガー
Cynthia Fields-Bélanger

私の先生、指導者、友人でもあるティニ・ミウラについて、沢山の考えを分かちあえることは喜ばしく名誉なことであります。

生徒間を歩き回るティニを見ることは大きな学習経験でした。様々な研究課題に取り組む生徒のため、「自信に満ち溢れたティーカップ」の中に刺激と指導を与えるチェスのマスターの様だった。教室への出入りは24時間自由で、私は作業台の上で造本の実践と授業後の数時間のノートの整理を楽しんだ。1984年に出版されたティニの『私の製本装幀芸術の世界』の中で、英国の製本家ミドルトンが「アメリカで手工芸の不足、特に精巧な部門にそれがある」と言っている。

ティニの製本装幀の科目と特別講義は、私に完成度とプロとしての出発に奮起を与えた。私は、ティニがくれた全ての贈り物と知的職業に感謝します。

サビナ・ニーズ
Sabina Nies

ティニ・ミウラ教授の国際経験と卓越した技能から、米国製本装幀大学の多様なカリキュラムは、全てティニが考案したもので、私にとって最も重要なものであった。ティニの寛大で友好的な姿勢は、本望を成し遂げるまで前進するように私を常に励まし、また私たちの技術の向上のために特別な授業を組み立ててくれたのは、将来プロとして生きるのに役立つ事を考えていたからである。ティニの偏見のないデザインの取り組み方、古代ローマからアールデコまでヨーロッパの美術史の奥深い講義、1930年以降の自由なスタイルのデザインを試してみると、様々な表現方法が存在することを教えてくれる。教室内の刺激的な雰囲気は、生徒間の友好関係を育て上げていた。さらに私たちの目に見えるような上達は、米国製本装幀大学のユニークな体験から学んだ。ティニの指導のもとで卒業できたことは名誉なことである。

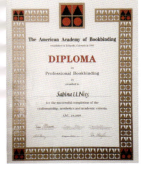

C. ラング・インガルズ
C. Lang Ingalls

私が初めて米国製本装幀大学を訪れたのは、1999年の春であった。ティニは寛大で親切な先生で、様々なアイディアを持ち障害にあった生徒を激励し援助してくれた。しかもどんな難題でも技能と経験を駆使して解決する能力を持っていた。

ティニは温和で聞き上手、生徒の本の制作の完成を最優先に最先端のアイディアで助けた。今日では学校で学んだ生徒たちが各分野で、リーダーとして活躍しているのを見れば、彼女の偉大さがわかる。私は2007年に米国製本装幀大学を卒業したが、今でも関係が続いている。この大学は米国において数少ない製本装幀芸術の教育機関です。ティニ・ミウラ、三浦永年、ダニエル・タッカーの3人が創設した時に持っていた展望は実現されている。アカデミーは成功し、現在では米国の製本装幀界で重要な部分を占めている。

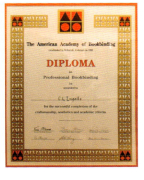

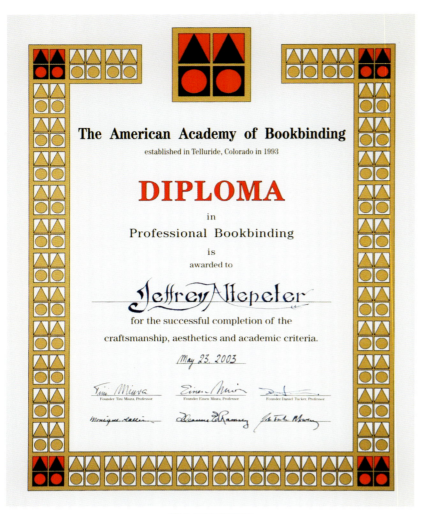

第1回卒業証書

卒業証書

卒業証書のデザインは、ティニ・ミウラと三浦永年の共同制作で、東京のシルク・スクリーン工房・小峰プロセスで特別に作られた。

赤・黒・金・紺の4色のシルク・スクリーン印刷で、卒業作品の審査にあたった教授をはじめ、外部からの講師陣の署名がある。

サイズ／72.5×57.0（cm）

卒業証書授与

ティニ・ミウラ、三浦永年、ダニエル・タッカーが教授としての就任中に5年以上の長きにわたって授業を受講し、プロフェッショナルとしての高度な知識と技術を修得し、難関の卒業試験を突破した6人の生徒に、アカデミーの卒業証書が授与された。

テリュライド　Telluride

テリュライドはコロラド州南西部のサンミゲイル郡に属し、かつては金、銀、銅、鉛、亜鉛などを採掘した鉱山で、人口約2,500人が住む小さな村である。海抜約2,700mにあり、四方を険しいロッキー山脈と森林に囲まれ、近くには富士山より高い山が30以上もある。

この村はスキーリゾート、ハイキング、トレッキング、観光の名所として、またフィルム・フェスティバル、ブルーグラス・フェスティバルを始め多くのイベントが一年中開催されており、全米はもちろん世界中に知られている。さらに約3,000mのロープウェイ、循環バス（いずれも無料）、TV局、新聞社、飛行場、ギャラリーがあり、それにレストランやホテルはそれぞれ30以上を数え、有名人の別荘も多くある超一等リゾート地である。

テリュライドの風景

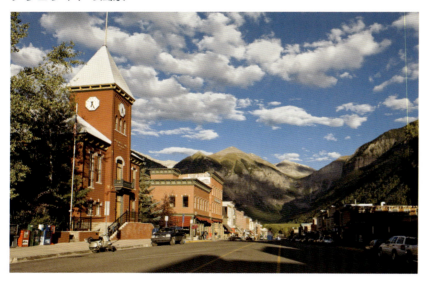

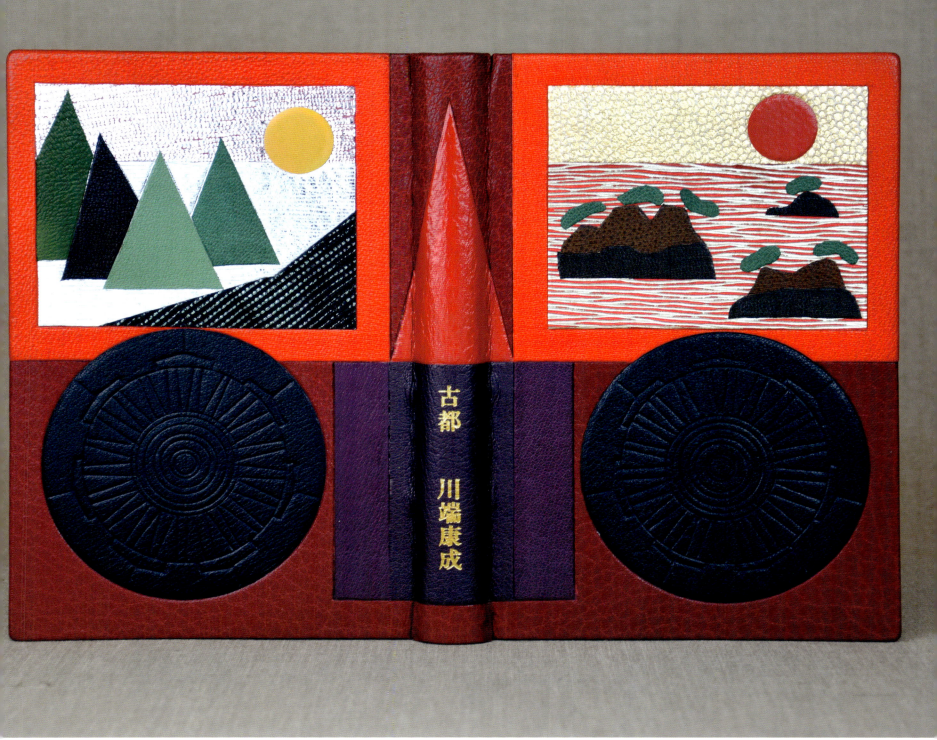

19. 『古都』

Kyoto

著　者：川端康成　Yasunari Kawabata
発　行：東京、新潮社、1962 年
表紙・総革装：赤茶のモロッコ革に、多様種の革のオンレイ装飾
見返し：金と銀の特殊革と緑の仔牛革
遊び紙：マーブル・ペーパー
花　布：赤・薄黄・橙の 3 色の絹糸による手縢り
小　口：三方／オリーブグリーンの色染め
サイズ：19.2 × 12.6 × 2.5（㎝）
制作年：2006 年

内容とデザイン：古都京都を舞台に生き別れた双子の姉妹が祇園祭の夜、偶然出会い、二人はそれぞれ数奇な運命をたどる。
　　古都の名所、史跡、美しく移り変わる四季と祭りなど織り込みながら、登場人物の微妙な心理を傑出したみずみずしい筆致で描く長編小説。川端康成の代表作の一つ。
　　表紙デザインは祇園祭の山鉾の四方を飾る冬月の北山杉と夏海の松島模様の絨毯、車輪をイメージした。

20. 世界製本装幀界の巨匠
『ティニ・ミウラの世界　1980－1990』

A Master's Bibliophile Bindings
Tini Miura　1980－1990

著　者 ： ティニ・ミウラ　Tini Miura
発　行 ： 東京、教育書籍、1990 年
表紙・総革装 ： 濃ピンクのモロッコ革に、青・緑・紫・赤・黄など
　　　　　 の革のオンレイ装飾
見返し ： 濃赤の仔牛革
花　布 ： グレー・ピンク・濃紺の３色の絹糸による手縢り
小　口 ： 三方金
サイズ ： 34.4 × 25.5 × 2.6（㎝）

制作年 ： 1993 年
デザイン ： 見開きにした本 21 冊を配置し、愛書家の幅広い知識と
　　　　　 教養をイメージした。
参　照 ： p. 95,113,153,201,202 に同名の本がある。

21. 『ファウスト』

Faust

著　者：ヨハン・ヴォルフガング・フォン・ゲーテ
　　　　Johann Wolfgang von Goethe

仏　訳：ジェラルド・ド・ネルヴァル　Gérard de Nerval

出版・挿絵：フランソワ＝ルイ・シュミード
　　　　François-Louis Schmied

発　行：パリ、1938 年、限定 100 部

表紙・総革装：濃緑のモロッコ革に、赤・緑・青・茶などの革のオ
　　　　ンレイ装飾とプラチナ箔押し

見返し：緑・濃紺の仔牛革に、赤の仔牛革のオンレイ装飾と金箔押し

花　布：紫・緑・薄青の 3 色の絹糸による手縢り

小　口：天／黒鉛

サイズ：35.4 × 24.6 × 5.5（㎝）

制作年：1992 年

デザイン：文豪ゲーテ（1749−1832）の長編戯曲、2 部構成。第
　　　　1 部は 1808 年、第 2 部は死後 1 年の 1833 年に発表。
　　　　ファウスト博士と悪魔メフィストの出会いと誘惑、そこか
　　　　ら展開するいろいろな出来事。60 年かけた 12,000 行に
　　　　およぶ大作。
　　　　　表紙デザインは、第 1 部の場面、ワルプルギスの夜、魔
　　　　女達が踊っているのを見つめる悪魔メフィストを構図化し
　　　　た。

『アラビアン・ナイト』

『アラビアン・ナイト』の本とシミーズ（ジャケット）とスリップケース（函）

本とシミーズ（ジャケット）：内側は紺のスウェード

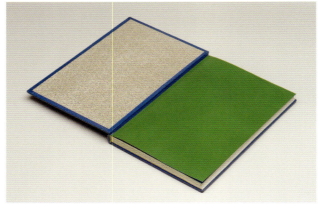

見返し（表）：金の特殊革と緑の仔牛革

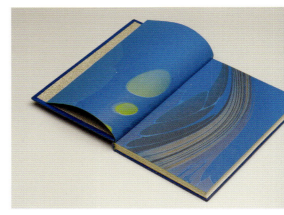

遊び紙（表）：自作のオーローグラフ

タイトル・ページ：金・赤・青の３色で印刷

見返し（裏）：銀の特殊革と紺の仔牛革

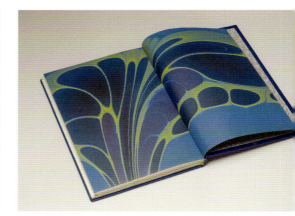

遊び紙（裏）：自作のオーローグラフ

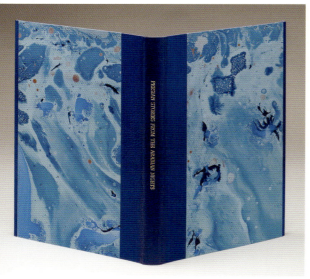

シミーズ：自作のオーローグラフ

本とシミーズ

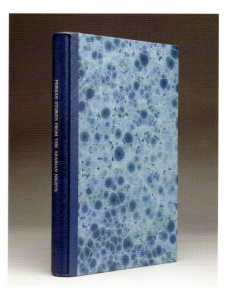

スリップケース（函）（自作のマーブル・ペーパー）に入っている本とシミーズ

22.　『アラビアン・ナイト』

Arabian Nights

発　行：サンフランシスコ、アーレン・プレス、Allen Press、
　　　　1980年、限定200部
表紙・総革装：青のモロッコ革に、多様種の革のオンレイ装飾とプ
　　　　ラチナ・金などの箔押し
見返し：金と銀の装飾革と青・緑の仔牛革
遊び紙：オーローグラフ
花　布：緑・エメラルドグリーン・ネイビーブルーの３色の絹糸に
　　　　よる手縢り
小　口：三方金、天／カット
　　　　前小口、地／アンカット

サイズ：33.0 x 22.2 x 2.8（cm）
シミーズ（ジャケット）：青のモロッコ革とマーブル・ペーパー、青
　　　　紫のスウェード
スリップケース（函）：マーブル・ペーパー
内容とデザイン：幻想的で神秘的な物語。
　　　　表紙の左側に中東の独特なモスク、尖塔などを配置し、
　　　　右側にはその宮殿に仕える踊り子のポートレイトをイメー
　　　　ジした。
参　照：p.60〜75に『千夜一夜物語』がある。

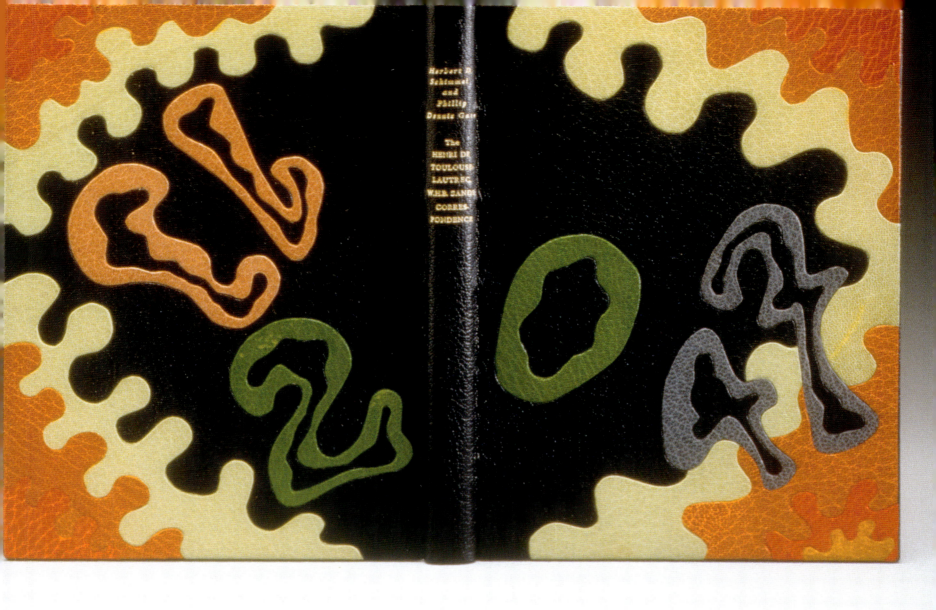

23. 『トゥールーズ＝ロートレック往復書簡集』

The Henri de Toulouse-Lautrec W.H.B. Sands Correspondence

編　者： ヘルベルト・シュメル　Herbert Schimmel

発　行： フランス、1992 年

表紙・総革装： 濃緑のモロッコ革に、赤・緑・濃紺・紫の革と特殊
　　　　　革のオンレイ装飾

見返し： 緑の仔牛革に金箔押し

花　布： 赤・黄・緑の3色の絹糸による手縢り

小　口： 三方金、天／曲線のデザイン

サイズ： 22.0 × 15.5 × 3.5（cm）

制作年： 1993 年

内容とデザイン： フランスの画家ロートレック（1864-1901）
　　　　　とパリの出版社との往復書簡集。
　　　　　表紙は両者間の手紙のやり取りをイメージした。

24. 『蓮への招待』

Introduction to Lotus Flowers

著　者：三浦功大　Kodai Miura
発　行：東京、アトリエ・ミウラ、2004 年、限定 7 部
表紙・総革装：黒のモロッコ革に、濃紺・濃緑・紫などの革と多様
　　　　　種の特殊革のオンレイ装飾
見返し：金・銀の特殊革と緑・青・赤の革の装飾
遊び紙：三浦永年制作の４種のマーブル・ペーパー
花　布：青・白・黄の３色の絹糸による手縢り
小　口：三方金
サイズ：26.7 × 18.0 × 5.0（cm）
制作年：2005 年

デザイン：蓮の花と葉をイメージした。
参　照：p. 94, 204 に同名の本がある。

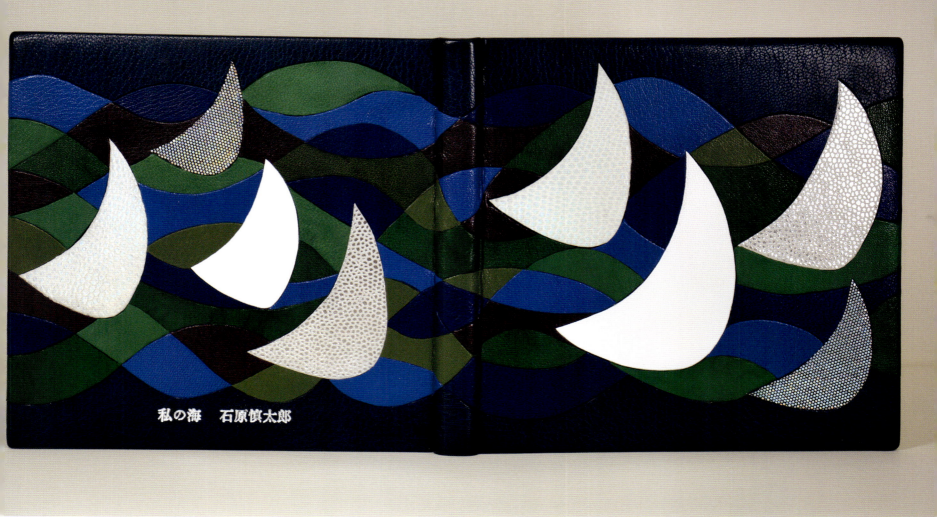

後見返し

前見返し

25. 『私の海』

My Ocean

著　者：石原慎太郎　Shintaro Ishihara

発　行：東京、幻冬舎、2014 年

表紙・総革装：群青のモロッコ革に、緑・青・紫の革と多様種の特殊革のオンレイ装飾

見返し：金・銀の特殊革と緑・青・赤などの革の装飾

遊び紙：自作のマーブル・ペーパー

花　布：黄緑・青・濃緑の3色の絹糸による手縢り

小　口：三方金

サイズ：27.0 × 27.0 × 2.3（㎝）

制作年：2015 年

内容とデザイン：著者の写真自叙伝である『私の海』は、4章の「私が愛した船たち」から成る。

表紙デザインは、太平洋の海原を帆走するヨットをイメージした。

26. 『千羽鶴』

Thousand Cranes

著　者：川端康成　Yasunari Kawabata
発　行：東京、筑摩書房、1952 年
表紙・総革装：濃青紫のモロッコ革に、金の特殊革と赤の仔牛革
花　布：紫・薄紫・薄青紫の 3 色の絹糸による手縢り
小　口：三方／オリーブグリーンの色染め
サイズ：17.9 × 12.5 × 2.7（cm）
制作年：2002 年

内容とデザイン ： 複雑にからみあう人間の愛欲、幻想から生まれる
美的世界と生々しい人間関係を独創的な文章で描いた川端
康成の最高傑作の一つ。
　　表紙デザインは、登場人物の一人が鎌倉の円覚寺で開か
れた茶会の席で持っていた、桃色のちりめんに白の千羽鶴
が描かれた風呂敷と、その時の情景をイメージした。

27. 『鍵』

The Key

著　者 ： 谷崎潤一郎　Jun'ichiro Tanizaki

発　行 ： 東京、中央公論社、1956 年

表紙・総革装 ： 濃茶のモロッコ革に、黒の特殊革のオンレイ装飾と空押し

見返し ： 金の特殊革と茶の仔牛革

花　布 ： 薄茶・茶・青の3色の絹糸による手縢り

小　口 ： 三方金

サイズ ： 22.1 × 14.8 × 2.6（㎝）

制作年 ： 2003 年

内容とデザイン ： 50 歳過ぎの夫と 45 歳の妻の、たがいに盗み読みされているかもしれないという日記の形で、性の奥深い混沌とした世界を描く。『瘋癲老人日記』とともに耽美主義の最高傑作である。

　著者（1886−1965）は日本を代表する作家で、代表作に『細雪』『痴人の愛』など多数。

　表紙デザインは、日記の隠し場所の錠と鍵、快楽と欲望に翻弄される男と女を表し、四角形は日記の升目をイメージした。

『千夜一夜物語』 全 12 巻

全 12 巻が連続している本の表紙デザイン

第 1 巻 　　第 2 巻 　　第 3 巻 　　第 4 巻 　　第 5 巻 　　第 6 巻

全 12 巻のシミーズ（ジャケット）の連続したデザイン

| 第7巻 | 第8巻 | 第9巻 | 第10巻 | 第11巻 | 第12巻 |

28. 『千夜一夜物語』　全12巻
Le Livre des Mille Nuits et Une Nuit　12 vols.

仏　訳：ドクトル・ジョセフ＝シャルル・マドリュース、アラビア語版から
　　　　Dr. Joseph-Charles Mardrus

挿　絵：レオン・カレー

発　行：パリ、1926年－1932年

装飾欄：ラシム・モハメッド

表紙・総革装：全12巻の表紙、見返し、花布などは下記の表を参照

小　口：三方金、天／カット、前小口・地／アンカット

サイズ：30.5 × 22.8 × 3.2～4.2（cm）

制作年：1992年－1995年

＊デザイン：各巻は、背がモロッコ革、平がマーブル・グラフィック、内側は
　　　　スウェードが用いられているシミーズに覆われている。全12巻は、
　　　　3巻ごとに写真のようにスリップ・ケースに納められ、小口はモロッ
　　　　コ革、内側はフランネル、外側はマーブル・グラフィックで出来ている。
　　　　　第1巻から第12巻までを並べると、『千夜一夜物語』"Le Livre
　　　　des Mille Nuits et Une Nuit"の題名と本の内容をイメージにした
　　　　デザインが施され、赤・黄・青・緑などのシャグラン革と特殊革のオ
　　　　ンレイ装飾、金・プラチナ箔押しと青・緑の箔押しが使われている。

参　照：p.52～54に『アラビアン・ナイト』がある。

	表　紙 モロッコ革の色	見返し 仔牛革の色	花　布 3色の絹糸の手縢り
1巻	ラズベリー	青、ラズベリー	緑、ライラック、薄青
2巻	濃グレー	青、赤紫	濃緑、オリーブ、緑
3巻	リンデン・グリーン	青、ライラック	緑、赤、黄
4巻	緑	青、ターコイス	黒、ベージュ、赤
5巻	濃緑	ブルー、紫	濃紺、紫、薄青
6巻	ワインレッド	青、サーモン	青、赤紫、赤
7巻	ピンク	黒、ライラック	濃緑、薄オリーブ、薄緑
8巻	濃紺	青	濃紺、ライラック、薄青
9巻	ピンク	黒、ターコイス	薄青、ライラック、薄緑
10巻	黒	青、赤	緑、黄、赤
11巻	赤	黒、ライム	緑、青、黄
12巻	赤茶	黒、ピンク	緑、グレー、赤

『千夜一夜物語』　全12巻

第1巻　　　　　　　　　　　　　　　第2巻

第5巻　　　　　　　　　　　　　　　第6巻

第9巻　　　　　　　　　　　　　　　第10巻

第 3 巻　　　　　　　　　　　　　　　　　　　　　　第 4 巻

第 7 巻　　　　　　　　　　　　　　　　　　　　　　第 8 巻

第 11 巻　　　　　　　　　　　　　　　　　　　　　　第 12 巻

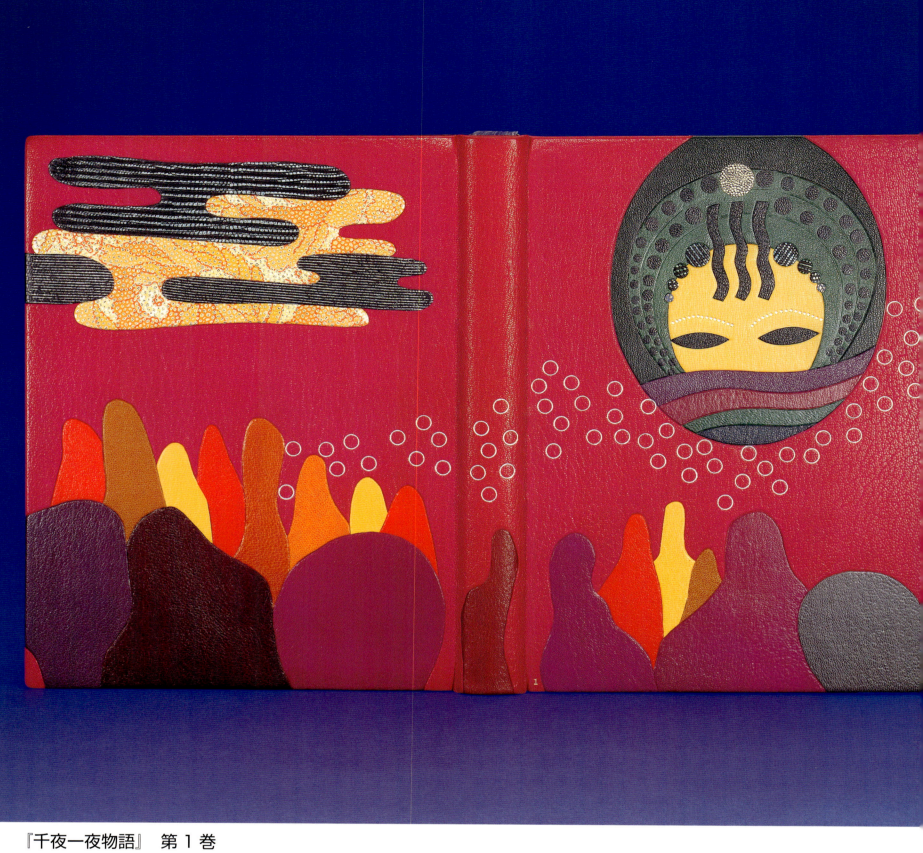

『千夜一夜物語』　第1巻

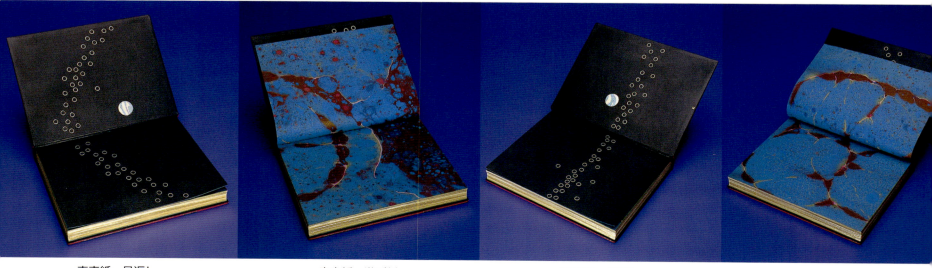

表表紙　見返し　　　　表表紙　遊び紙　　　　裏表紙　見返し　　　　裏表紙　遊び紙

『千夜一夜物語』 第2巻

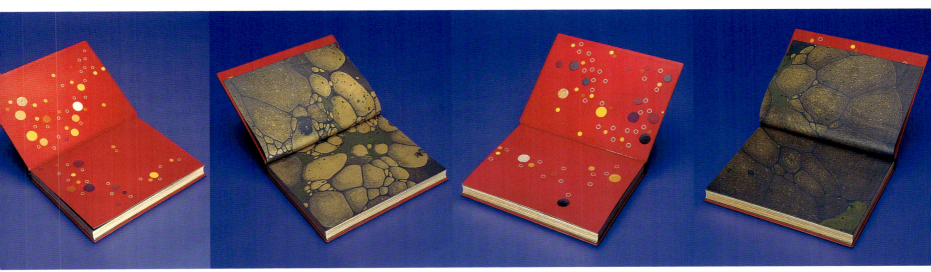

表表紙 見返し　　　　表表紙 遊び紙　　　　裏表紙 見返し　　　　裏表紙 遊び紙

『千夜一夜物語』 第3巻

表表紙　見返し　　　　　表表紙　遊び紙　　　　　裏表紙　見返し　　　　　裏表紙　遊び紙

『千夜一夜物語』　第4巻

表表紙　見返し　　　　　　表表紙　遊び紙　　　　　　裏表紙　見返し　　　　　　裏表紙　遊び紙

『千夜一夜物語』　第5巻

表表紙　見返し　　　　　表表紙　遊び紙　　　　　裏表紙　見返し　　　　　裏表紙　遊び紙

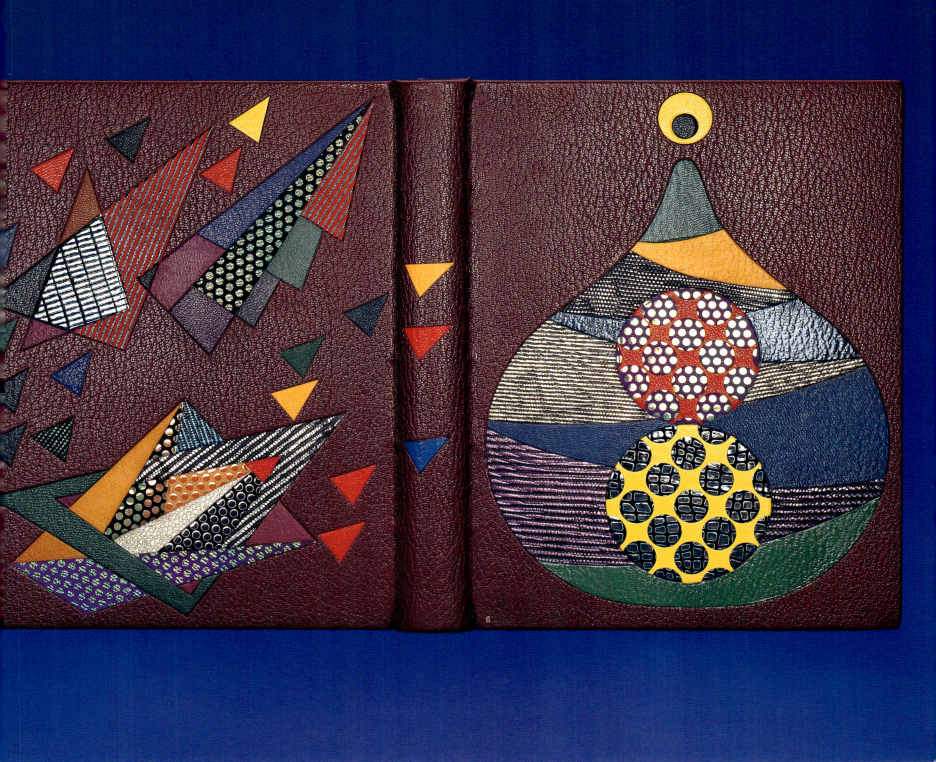

『千夜一夜物語』 第6巻

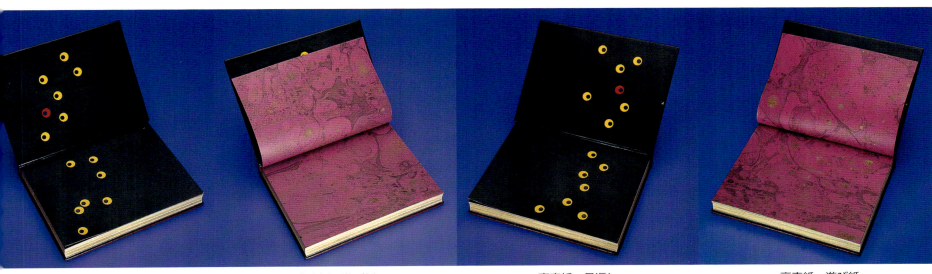

表表紙　見返し　　　　　　表表紙　遊び紙　　　　　　裏表紙　見返し　　　　　　裏表紙　遊び紙

『千夜一夜物語』　第7巻

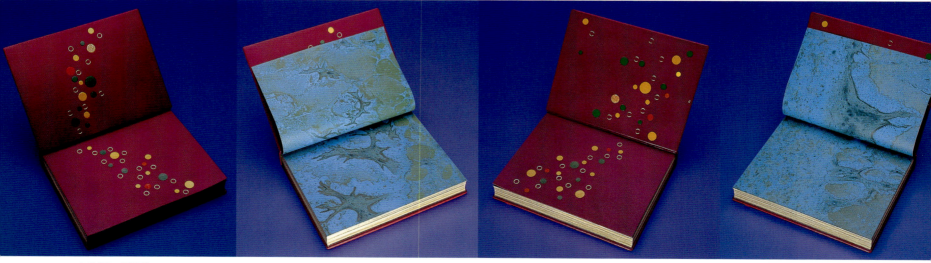

| 表表紙　見返し | 表表紙　遊び紙 | 裏表紙　見返し | 裏表紙　遊び紙 |

『千夜一夜物語』　第8巻

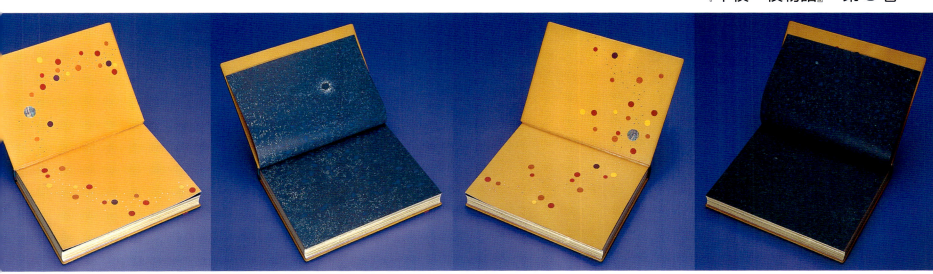

表表紙　見返し　　　　　表表紙　遊び紙　　　　　裏表紙　見返し　　　　　裏表紙　遊び紙

『千夜一夜物語』　第９巻

表表紙　見返し　　　　　　　表表紙　遊び紙　　　　　　　裏表紙　見返し　　　　　　　裏表紙　遊び紙

『千夜一夜物語』　第10巻

表表紙　見返し　　　　　表表紙　遊び紙　　　　　裏表紙　見返し　　　　　裏表紙　遊び紙

『千夜一夜物語』　第11巻

表表紙　見返し　　　　　　表表紙　遊び紙　　　　　　裏表紙　見返し　　　　　　裏表紙　遊び紙

『千夜一夜物語』 第12巻

表表紙　見返し　　　　　　表表紙　遊び紙　　　　　　裏表紙　見返し　　　　　　裏表紙　遊び紙

29. 『砂漠の情熱』

Une Passion Dans le Désert

著　者：オノレ・ド・バルザック　Honoré de Balzac
挿　絵：ポール・ジューヴ　Paul Jouve
発　行：パリ、マキシム・コッテ、1949 年、限定 123 部
表紙・総革装：薄茶のモロッコ革に、黄・茶・緑・青・紫などの革の
　　　　装飾
見返し：ブランデー色の革に、茶の革の装飾と金箔押し
花　布：薄黄・薄緑・緑の 3 色の絹糸による手縢り
小　口：天金
制作年：1999 年
サイズ：33.0 × 26.5 × 3.8 (cm)

内容とデザイン：エジプト・ナイル川のほとり、フランス兵士と豹
の愛情を表した短編小説。
　著者（1799−1850）は、19 世紀を代表するフランス
の小説家。代表作に『ゴリオ爺さん』『谷間の百合』などが
ある。
　表紙のデザインは、「大きな鷲が空を舞った。……豹の輪
郭は特に優美で若々しかった」の後半の一文をモチーフに
して、威厳ある豹と大鷲の翼を組み合わせ、豹の尾は見返
しに続いている。

HONORÉ DE BALZAC

UNE
PASSION
DANS LE DÉSERT

Illustrations
de
PAUL JOUVE
gravées à l'eau-forte
par
R. HAASEN

PARIS
MAXIME COTTET-DUMOULIN
ÉDITEUR

de lieue dans les sables qu'il entendit
la panthère bondissant derrière lui,
& jetant par intervalles ce cri de scie,
plus effrayant encore que le bruit
lourd de ces bonds.
—Allons! se dit-il, elle m'a pris en
amitié!... Cette jeune panthère n'a
peut-être encore rencontré personne,
il est flatteur d'avoir son premier
amour! En ce moment le Français
tomba dans un de ces sables mou-
vants si redoutables pour les voya-
geurs, & d'où il est impossible de se
sauver. En se sentant pris, il poussa
un cri d'alarme, la panthère le saisit
avec ses dents par le collet; &, sautant

52

avec vigueur en arrière, elle le tira
du gouffre, comme par magie. «Ah!
Mignonne, s'écria le soldat, en la ca-
ressant avec enthousiasme, c'est entre
nous maintenant à la vie à la mort.»
Mais pas de farces? Et il revint sur
ses pas.
Le désert fut dès lors comme peu-
plé. Il renfermait un être auquel le
Français pouvait parler, & dont la fé-
rocité s'était adoucie pour lui, sans
qu'il s'expliquât les raisons de cette
incroyable amitié. Quelque puissant
que fût le désir du soldat de res-
ter debout & sur ses gardes, il dormit.
A son réveil, il ne vit plus Mignonne;

53

30. 『クリーチャーの賛美歌』

Il Cantico Delle Creature

著　者：アッシジのフランシス　Francesco di Assisi
発　行：イタリア、2003 年
表紙・総革装：濃紺のモロッコ革に、青・緑・紫・赤などの革と特
　　　殊革のオンレイ装飾と金・プラチナ箔押し
見返し：仔牛革
花　布：3 色の絹糸による手縢り
小　口：天／黒鉛
　　　　前小口、地／色染め
サイズ：24.2 × 16.2 × 4.2（㎝）
制作年：2003 年

内容とデザイン：　フランチェスコ（1182−1226）ともいう、イタ
　　リア史上最も人気のある聖人。賛美の歌『太陽の歌』は最
　　初の国民文学として知られる。
　　　表紙デザインは、神へ捧げる賛美歌が響き渡る様をイメ
　　ージした。

31. 『鳥、獣、花』

Birds, Beasts and Flowers

著　者：D.H. ローレンス　D.H. Lawrence
発　行：ロンドン、The Cresset Press、1930 年、限定 30 部
表紙・総革装：黒のモロッコ革に、多様種の革のオンレイ装飾と金
　　　　箔押し
見返し：金の特殊革と赤の仔牛革
遊び紙：オーローグラフ
花　布：赤・緑・黄緑の3色の絹糸による手縢り
小　口：天／カット
　　　　前小口、地／アンカット
サイズ：34.4 × 21.5 × 3.3（㎝）

制作年：2014 年
内容とデザイン：ローレンス（1885−1930）は、英国の小説家、
　　　　詩人。代表作に『チャタレイ夫人の恋人』『息子と恋人』な
　　　　どがある。『鳥、獣、花』は詩集。
　　　　　表紙デザインは、ザクロ、ブドウ、ハイビスカス、イー
　　　　グルなどの題の詩にちなんでいる。

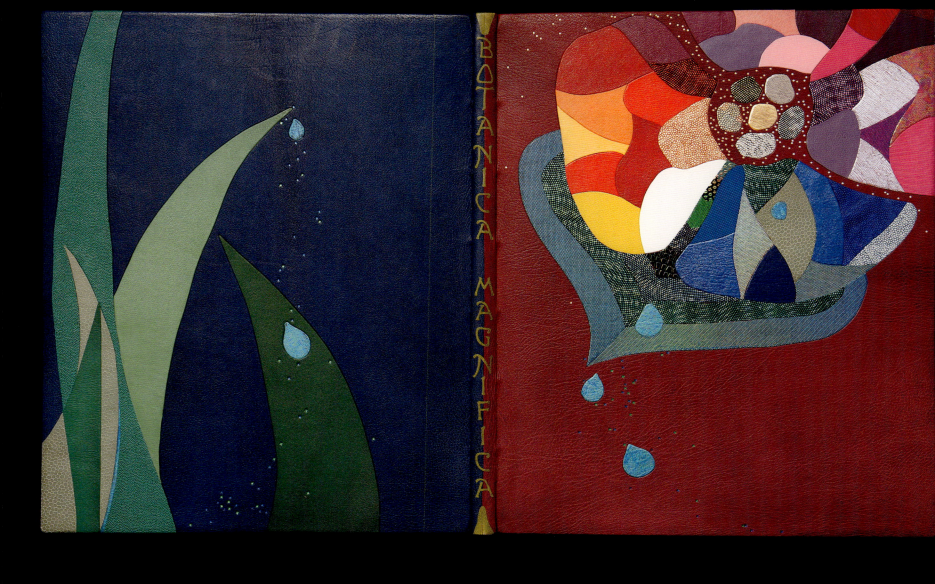

32. 大型版植物図鑑

『ボタニカ・マグニフィカ』

Botanica Magnifica

＊この本は、超大型版植物図鑑（全5巻）の写真250枚から33枚
　を厳選し、限定1部で制作したものである。

表紙・総革装 ： ワインレッドと濃紺のモロッコ革に、赤・青・黄・緑・
　　　　　　　ピンク・紫などの革と特殊革のオンレイ装飾と金・プラチ
　　　　　　　ナ箔押し

見返し ： マーブル・ペーパー

花　布 ： 濃赤・濃紺・薄黄の3色の絹糸による手縢り

小　口 ： 三方／アンカット

サイズ ： 61.2 × 49.0 × 2.5（cm）

制作年 ： 2009年

デザイン ： 植物の生命、存在、貢献、役割など全体的にイメージした。

参　照 ： p.26〜35に同名の本がある。

表紙の革の装飾を施すティニ・ミウラ（p.9参照）

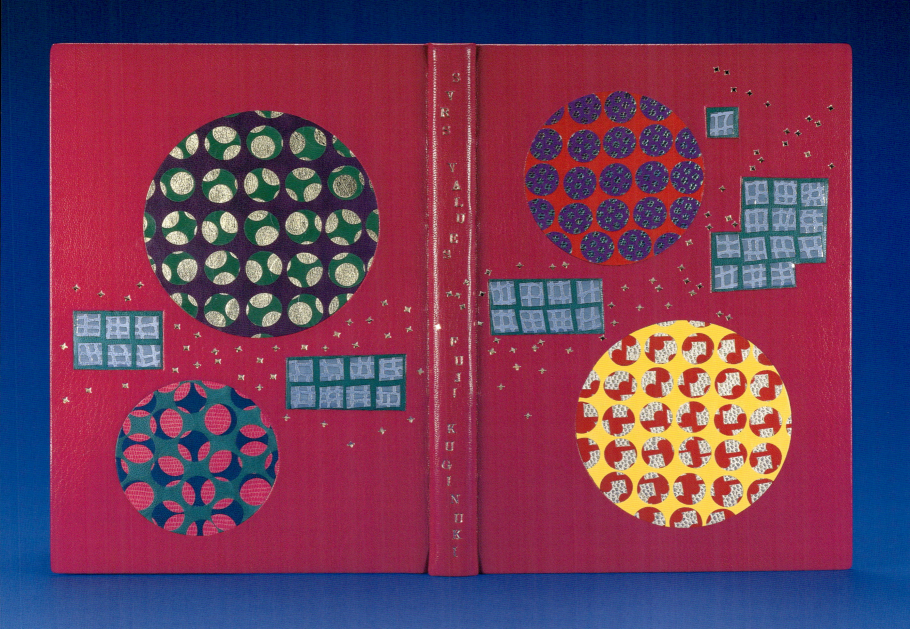

33. 『木本植物の葉身を用いた表皮系組織の
　　　統計解析理論』

SVRS Values–Theories for the Statistical
Analysis of Epidermal System Tissue Using
the Laminae of Woody Plants

著　者 ： 釘貫ふじ　Fuji Kuginuki
発　行 ： 東京、講談社サイエンティフィク、2000 年
表紙・総革装 ： ピンクワイン色のモロッコ革に、赤・黄・緑などの
　　　　　　　 革のオンレイ装飾と金箔押し
見返し ： オーローグラフ、緑の仔牛革
花　布 ： 薄ピンク・濃緑・薄緑の3色の絹糸による手縢り
小　口 ： 天／多色の色染めに多色のパラガケ
サイズ ： 30.3 × 21.4 × 2.3（㎝）
制作年 ： 2000 年

デザイン ： 日本の野生のシャクナゲは、高低地に関係なく日本全域
　　　　　　に分布し、品種も数多く変化に富んでいる。また花の女王
　　　　　　といわれるように、華麗で気品ある姿には誰もが圧倒される。
　　　　　　　表紙デザインは、この花を学術的な見地からイメージした。
参　照 ： p.198 に同名の本がある。

34. 『ヴァルター・シュピース』

Walter Spies

著　者：ハンス・ローディオス　Hans Rhodius
表紙・総革装：濃紺のモロッコ革に、多様種の革のオンレイ装飾
見返し：青緑の仔牛革に、多様種の装飾革と金箔押し
花　布：青・濃緑・黄緑の3色の絹糸による手縢り
小　口：緑・濃緑・黄のパラガケ
制作年：2001年

内容とデザイン：シュピース（1895−1942）は、ロシア生まれのドイツ人で、画家・音楽家・舞踏家・写真家でもあり、インドネシア・バリ島に住んで、バリの芸術発展の基礎を築いた。現代バリ芸術の父として尊敬されている。
　　表紙デザインは、バリの伝統文化をイメージした。

35. 『クックブックに見るアメリカ食の謎』

I see American Kitchen

著 者：東　理夫　Michio Higashi
発 行：東京、東京創元社、2000 年
表紙・総革装：濃紺のモロッコ革に、黄・黒・緑・赤・紫などの革
　　　　　のオンレイ装飾
見返し：濃紺の仔牛革にマルチ・カラー装飾と金箔押し
遊び紙：オーローグラフ
小 口：天／黄の地に濃紺のパラガケ
サイズ：19.0 × 13.0 × 2.0（㎝）
制作年：2001 年

内容とデザイン：アメリカの食文化の謎を、長年の体験と豊富な知
　　　識をとおして解明する。
　　　表紙デザインは、フォーク、ナイフなどキッチン用品を
　　イメージした。

36. 『アフロディテ』　全2巻

Aphrodite　2 vols.

著　者：ピエール・ルイス　Pierre Louÿs
挿　絵：ジョルジュ・バルビエ　George Barbier
　　　　ジョルジュ・レパプ　George Lepape
発　行：パリ、1954年、限定175部（内25部非売）
表紙・総革装：
　　　　上巻／濃紫のモロッコ革に、緑・濃緑・茶などの革と特殊
　　　　革のオンレイ装飾。プラチナ箔押しとメキシコ貝の象眼
　　　　下巻／ターコイスのモロッコ革に、緑・紫などの革のオン
　　　　レイ装飾と青・緑・金箔押し
花　布：紫・薄緑・青の3色の絹糸による手縢り

小　口：三方／アンカット
サイズ：28.4 × 21.5 × 4.5〜4.6（㎝）
制作年：1993年
内容とデザイン：ルイス（1870−1925）が描く、古代エジプト
　　　　の都市アレクサンドリアを舞台に繰り広げられる愛の饗宴
　　　　は、フランス文学の散文で最も美しい崇高な文章と言われ
　　　　る。ちなみにアフロディテはギリシャ神話の愛、美しさ、
　　　　喜び、性の女神で、ローマ名はウェニュス、英語名はヴィ
　　　　ーナス。
　　　　　表紙デザインは愛の饗宴をイメージした。

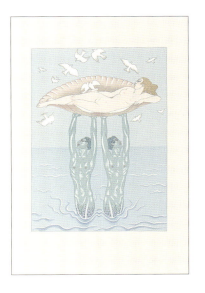

le fils d'un banquier dont la clientèle comprend toutes
les grandes courtisanes d'Égypte, et mon père ayant

181

Elle se déshabilla lentement. Les vestiges de l'orgie
tombaient de sa tunique, miettes de gâteaux, cheveux,
feuilles de roses.

Elle assouplit avec la main sa taille desserrée de
la ceinture et plongea les doigts dans ses cheveux
pour en alléger l'épaisseur. Mais avant de se mettre
au lit, il lui prit une envie de se reposer un instant sur
les tapis de la terrasse, où la fraîcheur de l'air était si
délicieuse.
Elle monta.
Le soleil était levé depuis quelques instants à peine.
Il reposait sur l'horizon comme une vaste orange
élargie.

219

I
LE SONGE DE DÉMÉTRIOS

R, avec le miroir, le peigne et le collier,
Démétrios étant rentré chez lui, un
rêve le visita pendant son sommeil,
et tel fut son rêve :
Il va vers la jetée, mêlé à la foule,
par une étrange nuit sans lune, sans

85

37. 『北欧紀行　古き町にて』

Old Towns
Travel Sketches of Northern Europe

著　者：東山魁夷　Kaii Higashiyama
発　行：東京、明治書房、1964 年、限定 100 部
表紙・総革装：ダークグレーのモロッコ革に、青・緑・紫・茶など
　　　　の革と金・銀などの特殊革のオンレイ装飾と青・緑の箔押し
見返し：オーローグラフと赤・グレーの仔牛革
花　布：青・緑・ワインレッドの3色の絹糸による手膝り
小　口：天／黒鉛にデザイン
サイズ：38.5 × 28.5 × 4.2（㎝）
制作年：2000 年

内容とデザイン：1962 年北欧 4 カ国をスケッチ旅行した著者が絵
　　　　画と紀行文で描いた石版画文集。
　　　　　表紙デザインは北欧の森・湖・街並などをイメージした。
参　照：p.16 に同名の本がある。

38. 『思い出』

Recollections

著　者：バーナード・C. ミドルトン
　　　　Bernard C. Middleton
発　行：米国、フィラデルフィア、1996 年
表紙・総革装：濃緑のモロッコ革に、青・緑の革と特殊革のオンレ
　　　　イ装飾と金・青・緑の箔押し
見返し：黒・グレーの仔牛革に青・緑の箔押し
花　布：緑・紫・金の3色の絹糸による手縢り
小　口：紫の色染めの下地に、青・緑の箔押し
サイズ：25.3 × 16.2 × 2.4（㎝）
制作年：1996 年

デザイン：著者は英国の製本装幀家。
　　　　表紙デザインは、過去の出来事から受けた様々な影響を
イメージした。

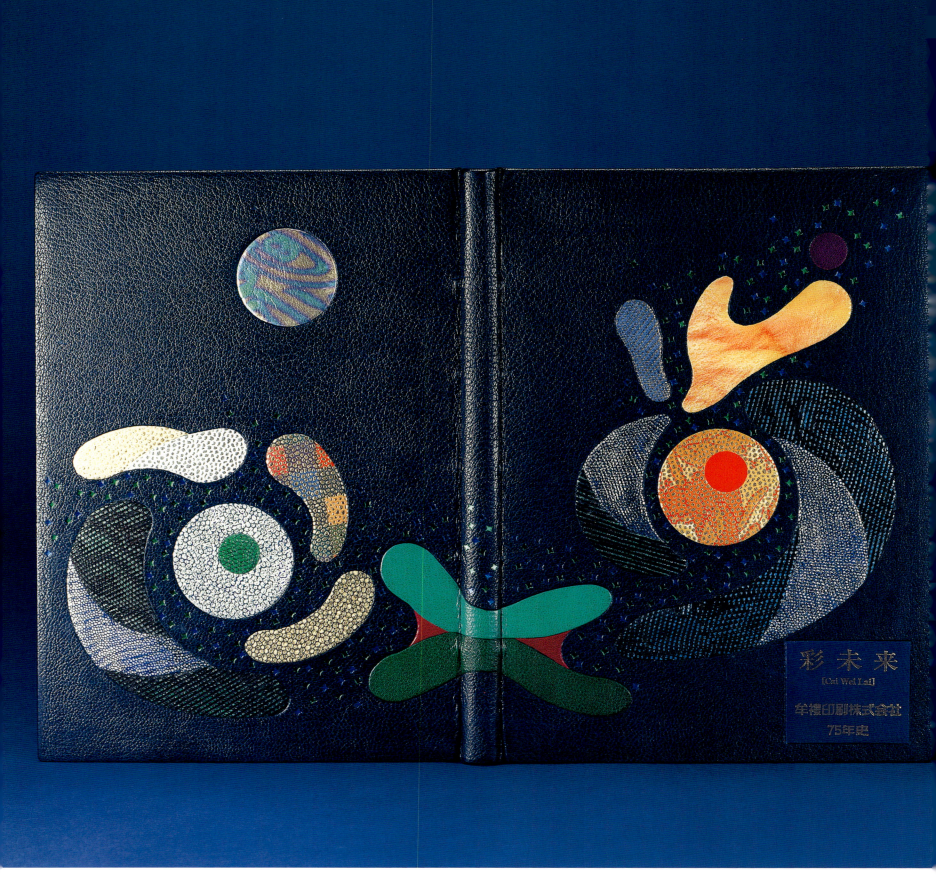

39. 『彩未来　Cai Wei Lai』
牟禮印刷株式会社 75 年史
The 75 Years History of the Mure Institute

発　行：高松、牟禮印刷株式会社、2001 年
表紙・総革装：濃紺のモロッコ革に、緑・濃青・青・薄青・赤など
　　　　　　　の革と特殊革のオンレイ装飾
花　布：薄青・濃青・緑の 3 色の絹糸による手縢り
小　口：天／青染めに青・緑など 4 色のパラガケ
サイズ：30.5 × 21.1 × 2.0（㎝）
制作年：2001 年

内容とデザイン：企業理念
　　　　「私たちは心をつなぐ情報互感で、
　　　　　お客様の未来を彩り、
　　　　　夢を実現します。」
　　　　をイメージした。
参　照：p.19,104 に同名の本がある。

40. 『北上川』

The Kitakami River

著　者：三柴とも子　Tomoko Mishiba
表紙・総革装：赤のモロッコ革に、多様種の革のオンレイ装飾と金
　　　　　　箔押し
見返し：金・銀の特殊革と赤の仔牛革
花　布：特殊革
小　口：金の色染めの地に、金・銀の箔押し
サイズ：19.5 × 13.3 × 1.7（㎝）
制作年：2013 年

内容とデザイン：東北地方の宮城県北部中田町浅水は、その中央を
北上川がようよう流れる田園地帯で、そこで生まれ 18
歳まで育った著者の夢と情熱を抱いて暮らしていた思い出
を描いた作品。

　ちなみに北上川は岩手県盛岡市の北、岩手町の水源地か
ら宮城県石巻市の太平洋側の追波湾と仙台湾に注ぐ、全長
約 250km、東北地方で最長、全国 4 位の長さを誇っている。

　表紙デザインは、著者のほとばしるエネルギーをイメー
ジした。

41. 『天地創造』旧約聖書の一書　全2巻
La Création（Old Testament）2 vols.

仏　訳： ドクトル・ジョセフ＝シャルル・マドリュース
　　　　Dr. Joseph-Charles Mardrus
挿　絵： フランソワ＝ルイ・シュミード
　　　　François-Louis Schmied
発　行： パリ、1928年、限定175＋20部

上巻　vol.1

表紙・総革装： 濃紺のモロッコ革に、青・緑・濃緑などの革と特殊
　　　　　　革のオンレイ装飾と瑪瑙（メノウ）の象眼
見返し： 紺・濃紺のシャグラン革に、青・緑・濃緑のオンレイ装飾

と青・緑・プラチナ箔押し
遊び紙： オーローグラフ
花　布： 薄青・青・薄グレーの3色の絹糸による手縢り
小　口： 三方金／アンカット
サイズ： 34.7 × 23.7 × 3.5（㎝）
制作年： 1994年
デザイン： 表紙の芯の厚板を切り抜き、そこに青白の瑪瑙のパネル
　　　　　をはめ込み両側から透き通るようにした。天地創造の宇宙
　　　　　観をイメージして、無数のプラチナ箔押しした星をちりば
　　　　　めて制作した。

90

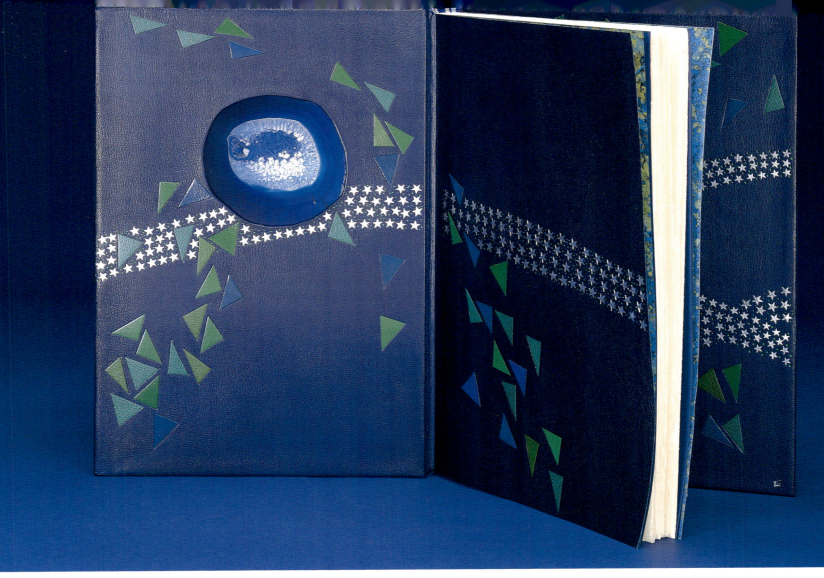

▲上巻　前見返し　▼上巻　後見返し

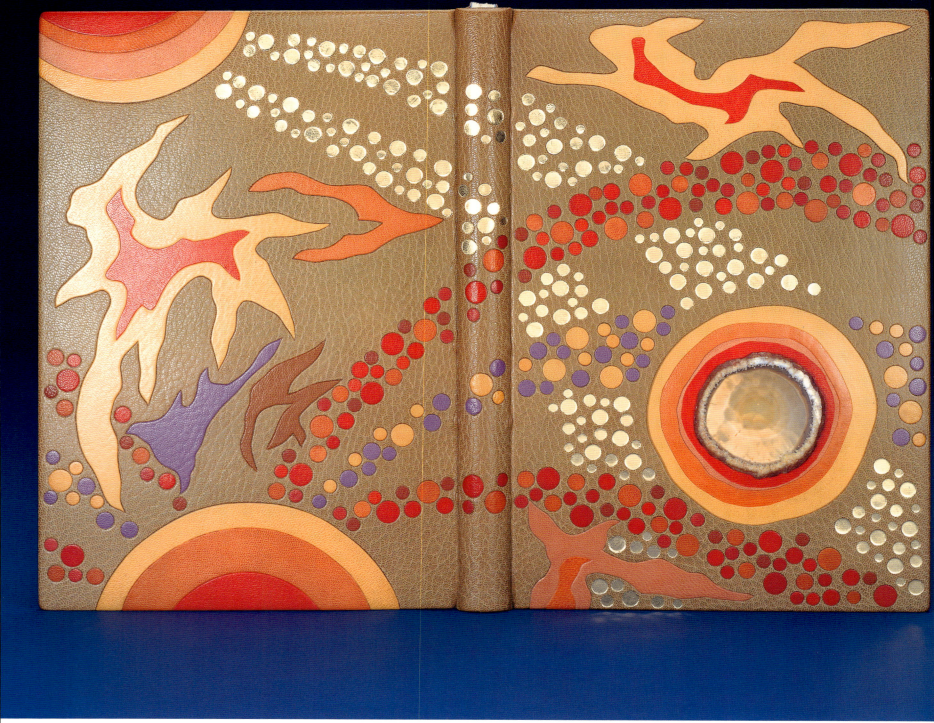

下巻　vol.2

表紙・総革装 ： 黄のモロッコ革に、黄・赤・橙・薄紫などの革のオ
　　　　　　　ンレイ装飾と瑪瑙の象眼
見返し ： 黄・オレンジの革に、黄・赤・橙・薄紫の革のオンレイ装
　　　　飾と金箔押し
遊び紙 ： オーローグラフ
花　布 ： 黄・オレンジ・赤の３色の絹糸による手縢り
小　口 ： 三方／アンカット
サイズ ： 34.7 × 23.5 × 3.0（㎝）
制作年 ： 1994 年

デザイン ： 上巻と同じように、表紙の厚板を切り抜き、黄橙の瑪瑙
　　　　　のパネルをはめ込み両側から透き通るようにした。天地創
　　　　　造の宇宙観をイメージして金箔押しした丸印を無数にちり
　　　　　ばめた。
参　照 ： p.106〜109 に同名の本がある。

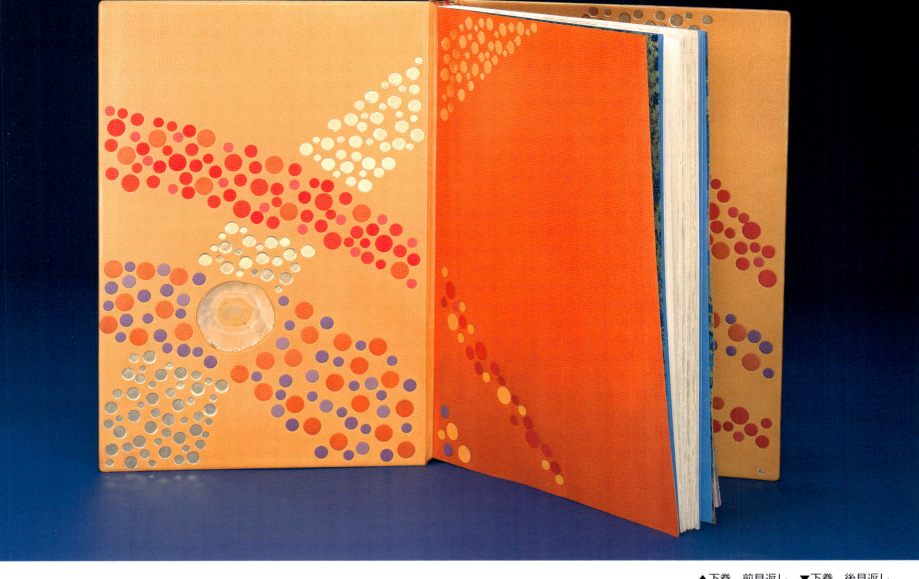

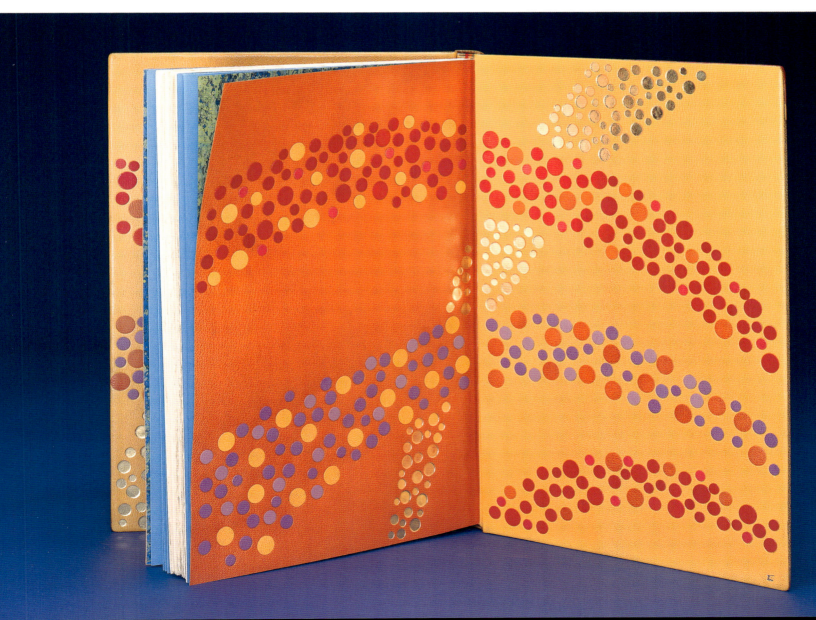

表紙

42. 『蓮への招待』

Introduction to Lotus Flowers

著　者： 三浦功大　Kodai Miura

発　行： 東京、アトリエ・ミウラ、2004 年

表紙・総革装： 濃赤のモロッコ革に、青・濃緑・赤の革と多様種の
　　　　　　　特殊革のオンレイ装飾

見返し： 金・銀の特殊革と緑・青・赤の革の装飾

遊び紙： 4種のマーブル・ペーパー

花　布： 緑・白・黄の3色の絹糸による手縢り

小　口： 三方金

サイズ： 26.7 × 18.0 × 5.0（㎝）

制作年： 2006 年

デザイン： 蓮の花と葉をイメージした。

参　照： p. 56, 204 に同名の本がある。

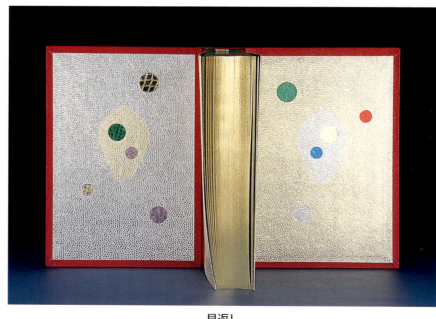

見返し

94

43. 世界製本装幀界の巨匠
『ティニ・ミウラの世界　1980－1990』

A Master's Bibliophile Bindings
Tini Miura　1980－1990

著　者：ティニ・ミウラ　Tini Miura
発　行：東京、教育書籍、1991 年
表紙・総革装：黒のモロッコ革に、赤・青・緑・黄などの革のオン
　　　　　レイ装飾と金・プラチナ箔押し
見返し：濃紺の仔牛革
花　布：薄青・紫・青の 3 色の絹糸による手縢り
小　口：三方金
サイズ：34.7 × 25.5 × 2.8 ㎝
制作年：1995 年
参　照：p. 50, 113, 153, 201, 202 に同名の本がある。

44. 『エステル記』 旧約聖書の一書

Le Livre d'Esther（Old Testament）

挿　絵：アーサー・ズィーク　Arthur Szyk
発　行：パリ、1925年
表紙・総革装：青のモロッコ革に、赤・青などの革と特殊革のオン
　　　　　　レイ装飾と金・プラチナ箔押し
見返し：赤のオアシス革と特殊革のオンレイ装飾
花　布：黄・青・赤の3色の絹糸による手縢り
小　口：天／黒鉛
サイズ：23.5 × 17.3 × 3.0（㎝）
制作年：2010年

内容とデザイン：ペルシャ王クセルクセス1世（紀元前519−紀
　　　　元前465）の妃に選ばれたエステルは、大臣ハマンのユダ
　　　　ヤ人を皆殺しにする悪だくみを察知し、自分はユダヤ人で
　　　　あることを王に明かし、大臣の悪だくみを知らせた。王は
　　　　ハマンを処刑した。その機転によってユダヤ人たちは救わ
　　　　れた。その日を記念してプリム祭が制定された。
　　　　　表紙デザインは、主人公ユダヤ人のエステルをイメージ
　　　　した。

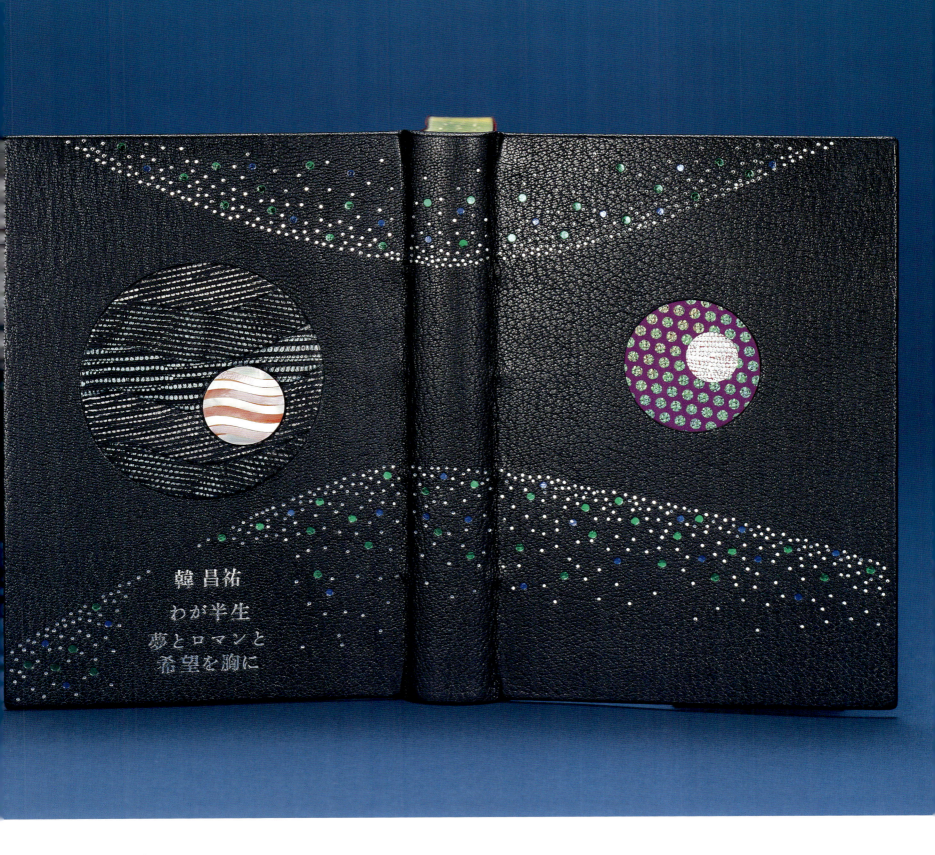

45. 『わが半生』
　　夢とロマンと希望を胸に

My Early Life
Dreams, Romance and Desires of the Heart

著　者：韓　昌祐　Han Chang-u
発　行：京都・東京、株式会社マルハン、2007 年
表紙・総革装：ダークグレーのモロッコ革に、多様種の特殊革のオ
　　　　　　ンレイ装飾とメキシコ貝の象眼と青・緑・プラチナ箔押し
見返し：緑・黄・赤の仔牛革
花　布：黒・萌黄・モスグリーンの3色の絹糸による手縢り
小　口：紺と紫の染め地
サイズ：21.8×15.0×3.3（㎝）

制作年：2007 年
デザイン：著者の波瀾万丈の半生と将来への人生観をイメージした。
参　照：p.171,190,203 に同名の本がある。

46. 『シエラ山脈で過ごす初めての夏』

My First Summer in the Sierras

著　者：ジョン・ミューア　John Muir

挿　絵：マイケル・マッカーディ　Michael McCurdy

発　行：カリフォルニア、1988年、限定155部
　　　　ヨラ・ボリー印刷所　The Yolla Bolly Press

表紙・総革装：黒のモロッコ革に、特殊革のオンレイ装飾と円形の
　　　　アルミニウムに純銀メッキした金属の象眼。青のカラー・
　　　　フォイルと空押しとプラチナ箔押し

見返し：緑のシャグラン革と多様種の特殊革のオンレイ装飾

遊び紙：オーローグラフ

花　布：グレー・薄グレー・黒の3色の絹糸による手縢り

小　口：三方プラチナ、天／カット、前小口・地／アンカット

サイズ：36.4 × 25.3 × 5.8（cm）

シミーズとスリップ・ケース：黒のモロッコ革、オーローグラフ、ラ
　　　　イラックのフェルト

制作年：2005年

内容とデザイン：ミューア（1838−1914）は、自然保護の父と呼
　　　　ばれる。この本はカリフォルニアの有名な山岳景勝地シエ
　　　　ラ山脈を舞台とした作品。
　　　　　表紙デザインは、ダイナミックな森林、渓谷地帯の景観
　　　　をイメージした。

47. 『宮城県美術館と私』
The Miyagi Museum of Art and I

著　者：三浦永年　Einen Miura
表紙・総革装：黒のモロッコ革に、多様種の革のオンレイ装飾と金
　　　　箔などのマルチ箔押し
見返し：金と銀の装飾革と青・緑の仔牛革
遊び紙：マーブル・ペーパー
小　口：金の色染めの地に青・緑の箔押し
サイズ：18.0 × 12.4 × 1.5（㎝）
制作年：2010 年

内容とデザイン：宮城県美術館や川崎市市民ミュージアムなどに寄
　　　　贈したヨーロッパのアール・ヌーヴォーやアール・デコ期
　　　　の石版画のコレクションについての手書きの本（p. 206 ～
　　　　209 参照）。
　　　　　表紙デザインは 20 世紀初頭の華やかなりし頃のパリを
　　　　イメージした。

SUÉTONE

LES
DOUZE
CÉSARS

48. 『12人のシーザー・皇帝伝』
Les Douze Césars

著　者：スエトニウス　Suétone
仏　訳：ジョセフ・エステーヴ　Joseph Estève

挿絵・出版：フランソワ＝ルイ・シュミード
　　　　　　François-Louis Schmied
発　行：パリ、1928年、限定145＋30部
表紙・総革装：茶のモロッコ革に、赤・黄・青・緑・紫など多色の
　　　　　　　革の装飾と金箔押し

見返し ：薄黄茶・茶の仔牛革
遊び紙 ：オーローグラフ
花　布 ：茶・オレンジ・マスタードの3色の絹糸による手縢り
サイズ ：28.5 × 19.0 × 4.9（㎝）
制作年 ：1992 年

内容とデザイン ：著者（70 年頃−130 年頃）は、古代ローマの文
筆家・歴史学者で、カエサル（シーザー）からドミティア
ヌスまでの歴代のローマ皇帝 12 人の風貌・容姿の描写を
はじめ、経歴・業績・系譜など詳細に記述している。
　　　古代ローマの出来事をアール・デコ調にイメージした。

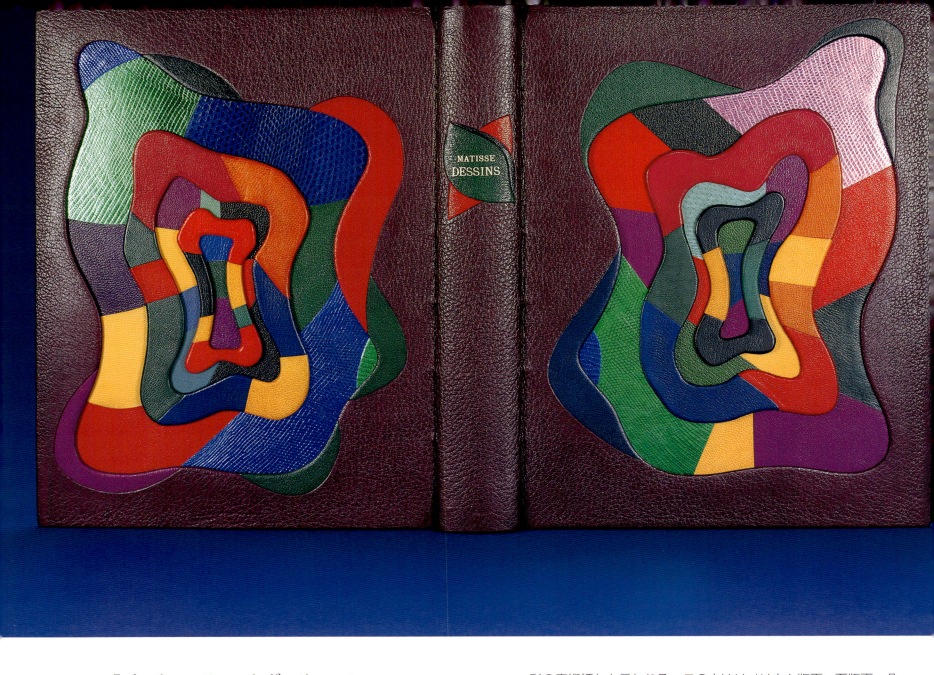

49.　『デッサン』テーマとヴァリエーション

Dessins（Thèmes et Variations）

著者・挿絵：アンリ・マチス　Henri Matisse

発　行：パリ、1943年、限定950部

表紙・総革装：オックスブラッド色のモロッコ革に、赤・緑・紫な
　　　　　　どの革と特殊革の装飾

見返し：濃茶色の仔牛革に金箔押し

花　布：ピンクレッド・薄緑・濃紺の3色の絹糸による手縢り

小　口：三方金／アンカット

制作年：1993年

サイズ：32.3 × 24.4 × 5.8（㎝）

内容とデザイン：マチス（1869–1954）は、フランスの画家、「色

彩の魔術師」と言われる。この本はリノリウム版画、石版画、凸版印刷などの技法によって刷られた画が多数収められている。

　女の裸体、花、タバコを吸う女など、ヴァリエーション別になっている。

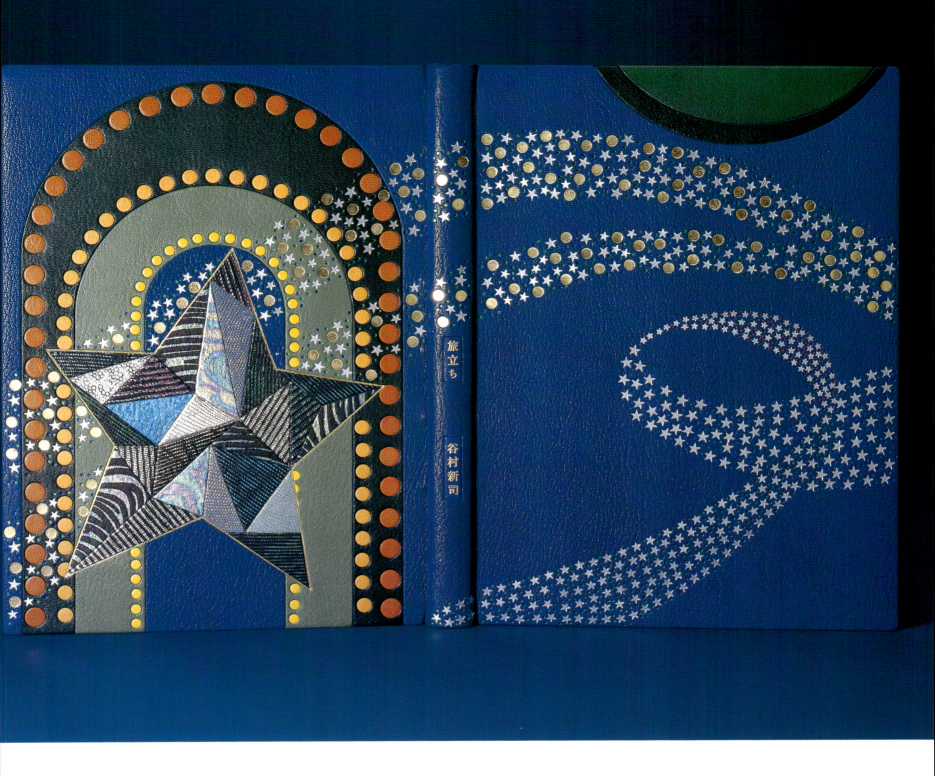

50. 『旅立ち』

Journey

著　者：谷村新司　Shinji Tanimura
表紙・総革装：紺のモロッコ革に、青緑・黄・橙などの革と特殊革
　　　　　　のオンレイ装飾。青・緑・金・プラチナ箔押し
見返し：青の革に、多色の革のオンレイ装飾と金・プラチナ箔押し
遊び紙：オーローグラフ
花　布：青・ターコイス・ライラックの3色の絹糸による手縢り
小　口：青染めの地に、5色のパラガケ
サイズ：37.8 × 27.0 × 3.0（cm）
制作年：1995 年
内容とデザイン：歌手生活25周年を記念して、谷村自身が作詞作

曲した代表作25点を選び、越前和紙制作の第一人者で福井の無形文化財保持者の岩野平三郎の三椏局紙に墨筆したもの。

　この本の制作過程は映画監督保坂延彦がディレクターとなり、NHK文化の日特集1時間番組『美しい本との出会い』として放映された。

　表紙デザインは、谷村の作詞作曲した「昴」「旅立ち」などをイメージに、銀河系への入口から繰り広げられる旅立ちの宇宙空間をデザインした。また三浦永年が制作したオーローグラフ10点が含まれている。

51. 『彩未来　Cai Wei Lai』
　　牟禮印刷株式会社 75 年史
The 75 Years History of the Mure Institute

発　行：高松、牟禮印刷株式会社、2001 年
表紙・総革装：濃紺のモロッコ革に、緑・濃青・青・薄青・赤など
　　　　の革と特殊革のオンレイ装飾
花　布：薄青・濃青・緑の 3 色の絹糸による手縢り
小　口：天／青染めの地に青・緑など 4 色のパラガケ
サイズ：30.5 × 21.1 × 2.0（㎝）
制作年：2001 年

内容とデザイン：企業理念
　　　　「私たちは心をつなぐ情報互感で、
　　　　　お客様の未来を彩り、
　　　　　夢を実現します。」
　　　　をイメージした。
参　照：p.19, 88 に同名の本がある。

52. 『縮退アート』

Degenerate Art

著　者 ： ステファニー・バロンなど
　　　　　Stephanie Barron and others
発　行 ： 1991 年
表紙・総革装 ： 薄茶のモロッコ革に、グレー・黒・茶の特殊革のオ
　　　　　ンレイ装飾と空押し
見返し ： 仔牛革
花　布 ： 紫・赤・薄茶の3色の絹糸による手縢り
サイズ ： 30.8 × 24.0 × 3.5（㎝）
制作年 ： 2000 年

デザイン ： 「ホロコースト時代の遺産」「ヒットラー・ナチスの前衛
　　　　　の運命」などの内容をイメージした。

53.　『天地創造』　旧約聖書の一書　全2巻
La Création（Old Testament）2 vols.

上巻

出版・挿絵 ： フランソワ＝ルイ・シュミード
　　　　　　　François-Louis Schmied

発　行 ： パリ、1928年、限定175＋20部

表紙・総革装 ： 黒のモロッコ革に、薄ベージュ・オレンジの革のオ
　　　　　　　ンレイ装飾と金箔押し

見返し ： 濃緑と濃紺のモロッコ革

花　布 ： 薄ベージュ・マスタード・黒の3色の絹糸による手縢り

小　口 ： 三方／アンカット

サイズ ： 34.5 × 25.5 × 3.5（㎝）

丸背夫婦函 ： 白・黒紺の革にライラックと青緑の革のオンレイ装飾
　　　　　　　と金箔押し

丸背夫婦函のサイズ ： 37.4 × 28.0 × 5.0（㎝）

デザイン ： 本／三角形と円線
　　　　　　　函／太陽と波頭と鯨

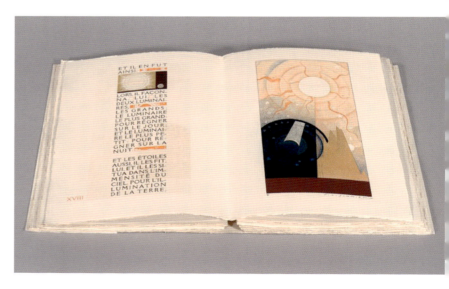

制作年 ： 2012年

参　照 ： p.90〜93に同名の本がある。

106

上巻　丸背夫婦函

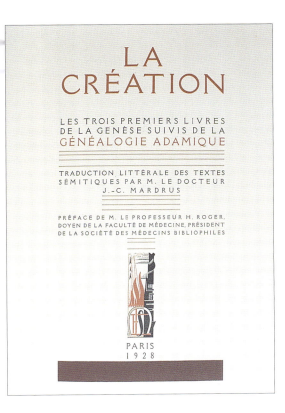

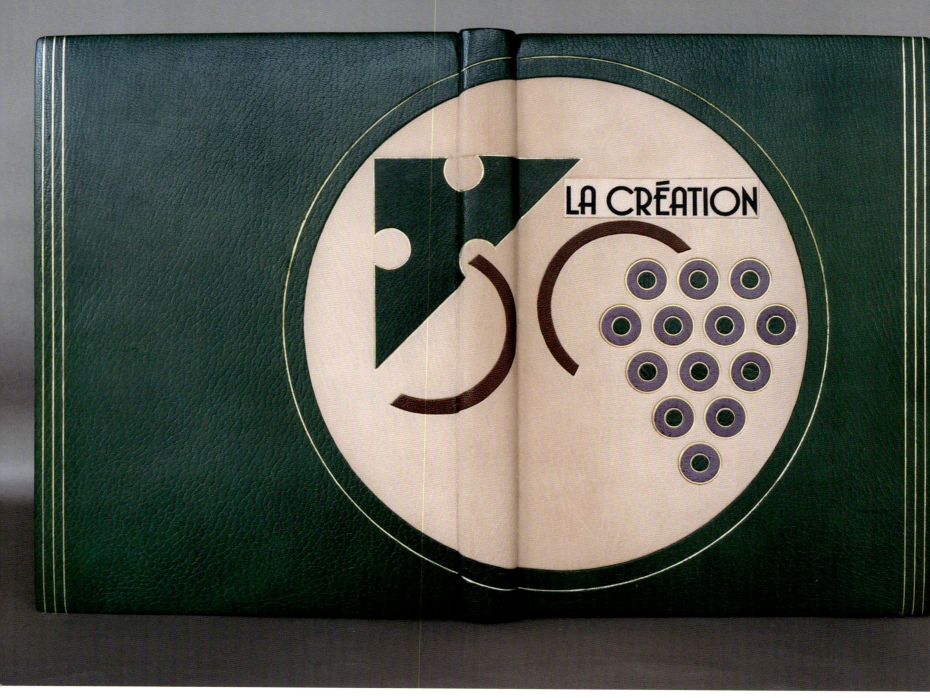

下巻　本の表紙

53.　『天地創造』　旧約聖書の一書　全2巻
La Création（Old Testament）　2 vols.

下巻

表紙・総革装 ： 緑のモロッコ革に、薄ベージュ・茶・ライラック・
　　　　　　　緑の革のオンレイ装飾と金箔押し

見返し ： 黒のモロッコ革に、赤・濃緑・薄茶の革のオンレイ装飾

花　布 ： 青・黄・緑の3色の絹糸による手縢り

丸背夫婦函 ： 白・緑のオアシスの革に、赤の革のオンレイ装飾と金
　　　　　　　箔押し

デザイン ： 本／葡萄
　　　　　　　函／女の人のポートレート

制作年 ： 2012年

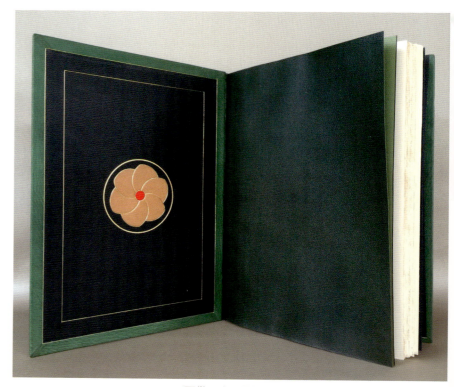

下巻　本の見返し

LE JOUR OU LE
RABB-LE DIEU
FAÇONNA LA
TERRE ET LES
CIEUX
POINT ENCO-
RE IL N'Y AVAIT
EN LA TERRE, EN
FAIT D'ARBRES
DE PRAIRIE, UN
SEUL
ET LES HERBES
DE PRAIRIE
POINT NE GER-
MAIENT ENCO-
RE. CAR LE
RABB-LE DIEU
N'AVAIT
PAS ENCORE
FAIT PLEUVOIR
SUR LA TERRE
ET NUL ÊTRE
HUMAIN
N'ÉTAIT POUR
TRAVAILLER LA

ET ADAM S'É-
CRIA : "EN VÉRI-
TÉ CECI, CETTE
FOIS,   C'EST
QUELQUE CHO-
SE QUI M'EST
SEMBLABLE

FAIT AVEC DES
OS D'ENTRE
MES OS, AVEC
UN CÔTÉ DE
CHAIR DE MA
CHAIR : MOI,

JE NOMMERAI
CECI UNE HU-
MAINE : MARA,

CAR ELLE SORT
D'UN HUMAIN :
MAR

C'EST POURQUOI ELLE CUEILLIT
UN FRUIT D'ENTRE LES FRUITS DE
L'ARBRE DE LA CONNAISSANCE. ET
ELLE MANGEA   PUIS ELLE DON-
NA DE CE FRUIT À SON HOMME LE-
QUEL ÉTAIT AVEC ELLE ET IL MAN-
GEA.

ET, AUSSITÔT, ILS S'OUVRIRENT
À LA LUMIÈRE, LES YEUX DE LEUR
INTELLIGENCE ; ET TOUT SE DÉCOU-
VRIT À LEUR REGARD.

ET ILS S'APERÇURENT AUSSI QU'ILS
ÉTAIENT NUS, ET ILS CUEILLIRENT
DES FEUILLES À UN FIGUIER ; ET ILS
FAÇONNÈRENT UN VOILE À LEURS
ÂMES.

MAIS VOICI ILS ENTENDIRENT AU
LOIN LA VOIX HAUTE, CELLE DU
RABB-LE DIEU, LEQUEL S'EN VENAIT
MARCHEUR AVEC RUMEUR, À TRA-
VERS LE JARDIN   ET CELA À
L'HEURE OÙ, DANS LES ARBRES DU

109

54. 超大型版チューリップ図鑑
　　『チューリッパエ・フォルトラム』
　　Tulipae Hortorum

写　真：ジョナサン・M. シンガー　Jonathan M. Singer
写真アシスタント：マリサ・S. シンガー　Marissa S. Singer
和　紙：吉田泰樹　Yasuki Yoshida

印　刷：コーン・エディッションズ　Cone Editions
製本装幀：ティニ・ミウラ　Tini Miura
マーブル・ペーパー：三浦永年　Einen Miura
解　説：W. ジョン・クレス　Dr. W. John Kress
　　　　マーク・N. ハチャドリアン　Mark N. Hachadourian

スウェーデン王立科学アカデミー外観

スウェーデン王立科学アカデミー内部

レセプションの模様

表紙・総革装 ： 濃紺のオアシス革6枚が使われ、その上に赤・青・緑・
　　　　　　　　ピンク・黄・紫などの革と特殊革のオンレイ装飾。金箔押し
見返し ： マーブル・ペーパー
花　布 ： 緑・黄・白の3色の絹糸による手縢り
小　口 ： 三方アンカット
サイズ ： 106.0 × 74.0 × 6.0（㎝）
制作年 ： 2009 年
デザイン ： 表紙全体に大きなチューリップの花を配し、スウェーデ
　　　　　　ンが生んだ世界的な植物学者リンネに対する尊敬の念を表
　　　　　　した。

＊この本は、スウェーデンの世界的な博物学者・生物学者・植物学者
　として著名なカール・フォン・リンネ（1707－1778）、ラテン語
　名カルロス・リンナエウスを記念して、写真家ジョナサン・M. シ
　ンガーが世界中に生息するチューリップ50 種を撮影し、解説は米
　国のスミソニアン国立自然史博物館の W. ジョン・クレス博士とニ
　ューヨーク植物園の研究員のマーク・N. ハチャドリアンが担当した。
＊現在、この本はスウェーデン王立科学アカデミーに所蔵されている。
＊王立科学アカデミーには、ノーベル物理学賞、化学賞、経済学賞の
　受賞者を選考する委員会がある。
＊上の2枚の写真は、スウェーデン王立科学アカデミーの建物と内部。
　右2枚の写真はノーベル物理学賞受賞者や化学賞受賞者が記者会
　見をするステージでのレセプションの模様である。

レセプションの模様

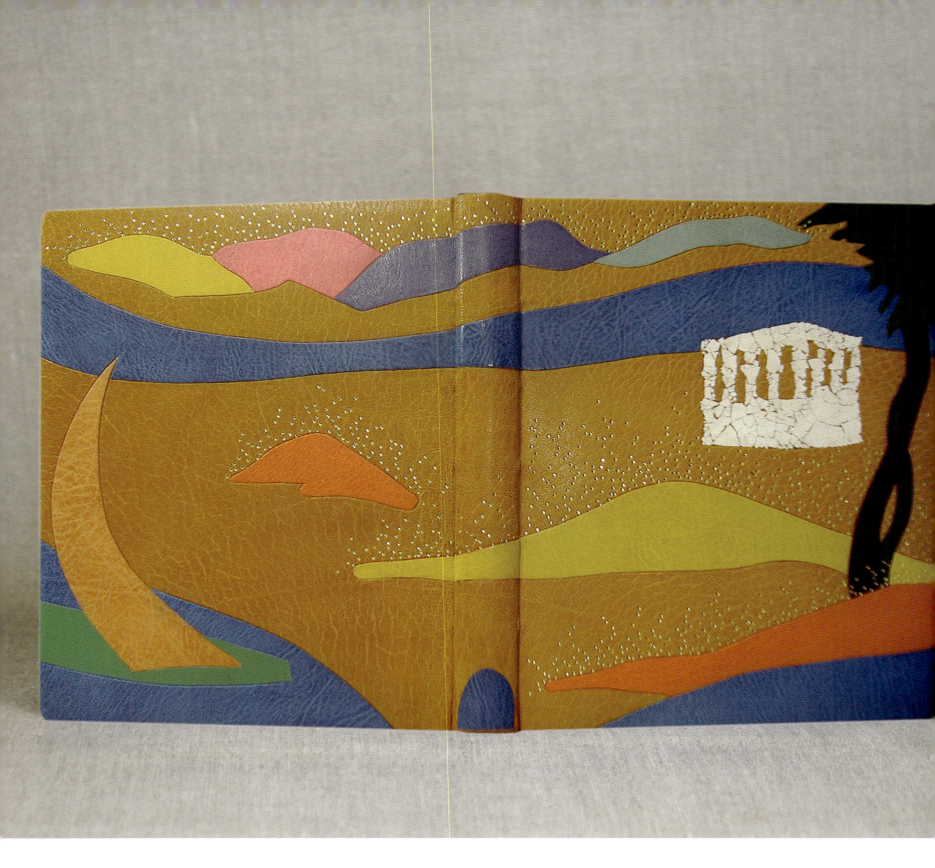

55. 『フィラエ宮殿の死』

La Mort de Philae

著　者：ピエール・ロティ　Pierre Loti

挿　絵：ジオ・コルチ　Geo Colucci

発　行：パリ、1924年、限定115部

表紙・総革装：マスタードのモロッコ革に、薄青・紫・ピンク・オ
　　　　　　レンジなどの革と白卵の殻のオンレイ装飾と金箔・空押し

見返し：特殊革

遊び紙：オーローグラフ

花　布：ピンク・紫・黄の3色の絹糸による手縢り

小　口：天金

サイズ：27.5 × 22.5 × 3.8（㎝）

シミーズ：背・前小口は、マスタードの革、平はオーローグラフ、
　　　　　内側は黄のウルトラ・スウェード

56. 世界製本装幀界の巨匠
『ティニ・ミウラの世界　1980－1990』

**A Master's Bibliophile Bindings
Tini Miura　1980－1990**

著　者：ティニ・ミウラ　Tini Miura
発　行：東京、教育書籍、1991 年
表紙・総革装：黒のモロッコ革に、赤・青・緑・黄の革のオンレイ
　　　　装飾と金・プラチナ箔押し
見返し：濃紺の仔牛革
花　布：薄青・紫・青の 3 色の絹糸による手縢り
小　口：三方金
サイズ：34.7 × 25.5 × 2.8（㎝）
制作年：1995 年
参　照：p. 50、95、153、201、202 に同名の本がある。

【前頁の解説の続き】
　函のサイズ：28.3 × 23.8 × 5.0（㎝）
　制作年：2010 年
　内容とデザイン：著者（1850－1923）は、フランスの小説家、軍人。
　　　　1885（明治 18）年と 1900（明治 33）年－1901（明治
　　　　34）年の二度にわたり来日。日本を題材とした『お菊さん』
　　　　『お梅が三度目』『秋の日本』などがある。この本は古代エ
　　　　ジプトの真珠とされた神聖なるフィラエ宮殿と女神アイリ
　　　　スを題材とした小説。
　　　　　表紙デザインは、ナイル川の河畔の丘に聳えるフィラエ
　　　　宮殿をイメージした。

57. 『聖書』ロシア正教

Raamattu
Bible of the Russian Orthodox Church

発　行 ： フィンランド、ヘルシンキ、1992 年
表紙・総革装 ： 黒のモロッコ革に紫の革
見返し ： 濃灰の仔牛革
花　布 ： 黒・黄・紺の3色の絹糸による手縢り
小　口 ： 三方金
サイズ ： 24.2 × 18.1 × 5.9（㎝）
制作年 ： 1992 年
デザイン ： 表紙の中央に神の慈悲、博愛などの象徴として、濃紺の
　　　　　モロッコ革に、紫の革のオンレイ装飾と黄鉄鉱の石片を象
　　　　　眼している。

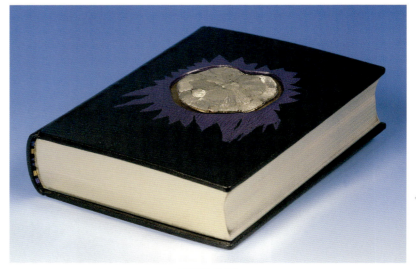

表紙と小口

58. 『たみ子の詩集』

Tamiko's Collected Poems

著　者：向井民子　Tamiko Mukai

表紙・総革装：緑のモロッコ革に、多様種の革のオンレイ装飾と金
　　　　　　箔押し

見返し：金・銀の特殊革と青・緑の仔牛革

遊び紙：マーブル・ペーパー

花　布：特殊革

小　口：天／金の色染めの地に青・緑の箔押し

サイズ：19.4 × 13.2 × 1.8（㎝）

制作年：2010 年

内　容：長い間に綴ってきた多くの自作の詩をまとめた自筆選集。

【p.116-117の解説】

59. 『カーの狩猟』

La Chasse de Kaa

著　者：ラドヤード・キップリング　Rudyard Kipling

発　行：パリ、ジャヴァル＆ボルドー、1930 年、限定 125 部

表紙・総革装：濃いグレーのモロッコ革に、緑・青・紫などの革の
　　　　　　オンレイ装飾とメキシコ貝の象眼と空押し

見返し：緑・赤のシャグラン革に、多様種の革のオンレイ装飾

遊び紙：オーローグラフ

花　布：ピンク・薄グレー・濃紺の３色の絹糸による手縢り

小　口：天金

サイズ：33.5 × 25.5 × 3.0（㎝）　　　　　【解説、次頁へ続く】

【解説、前頁からの続き】

制作年 ： 1999 年

内容とデザイン ：著者（1865－1936）は、イギリスの小説家、詩人。ノーベル文学賞を受賞（1907）。カー（Kaa）は、キップ

リングの『ジャングル・ブック』に登場する主人公パイソン、いわゆるニシキヘビの名前。

　少年モーグリは、赤ん坊の時ジャングルでオオカミ家族に拾われ、黒豹バギーラ、熊バルーなどに育てられる。目

然の厳しさと大切さ、愛、優しさ、勇気を描いた冒険小説で、
世界中の少年少女を魅了した最高傑作。
　表紙デザインは、円形と短冊形のメキシコ貝で神秘的な
ジャングルの情景を表し、大きな曲線は、カーを追跡する

ハンターと勇敢で優しいカーをイメージしている。
参　照：p.170,153

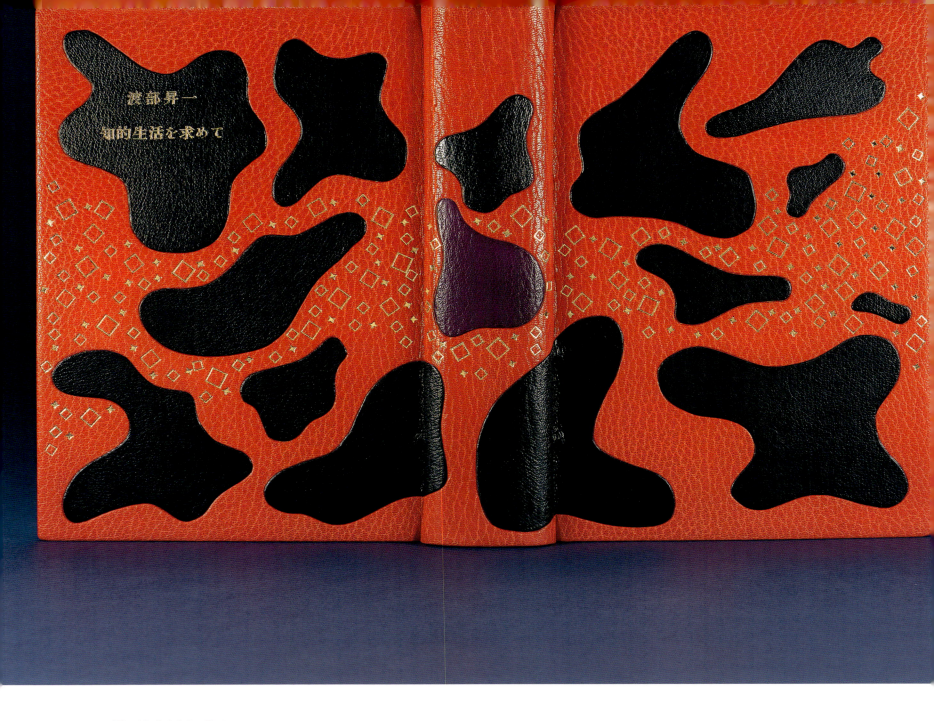

渡部 昇一

知的生活を求めて

60. 『知的生活を求めて』

For Intellectual Life

著　者：渡部昇一　Shoichi Watanabe
発　行：東京、講談社、2000 年
表紙・総革装：赤のモロッコ革に、黒・紫の革のオンレイ装飾と金・
　　　　　プラチナ箔押し
見返し：オーローグラフ
小　口：天／黒鉛の地にフリーのデザイン
サイズ：27.0 × 18.6 × 6.5（㎝）
制作年：2000 年

内容とデザイン：英文学者で愛書家の著者が、虚弱体質、近視、学
　　　業成績も冴えなかった少年時代からの体験を通じて、知的
　　　生活を追究し、実践してきた試みを綴るエッセイ。
　　　　表紙デザインは、著者の無限の博識をインクの広がりと
　　　とらえた。
参　照：p.203 に同名の本がある。

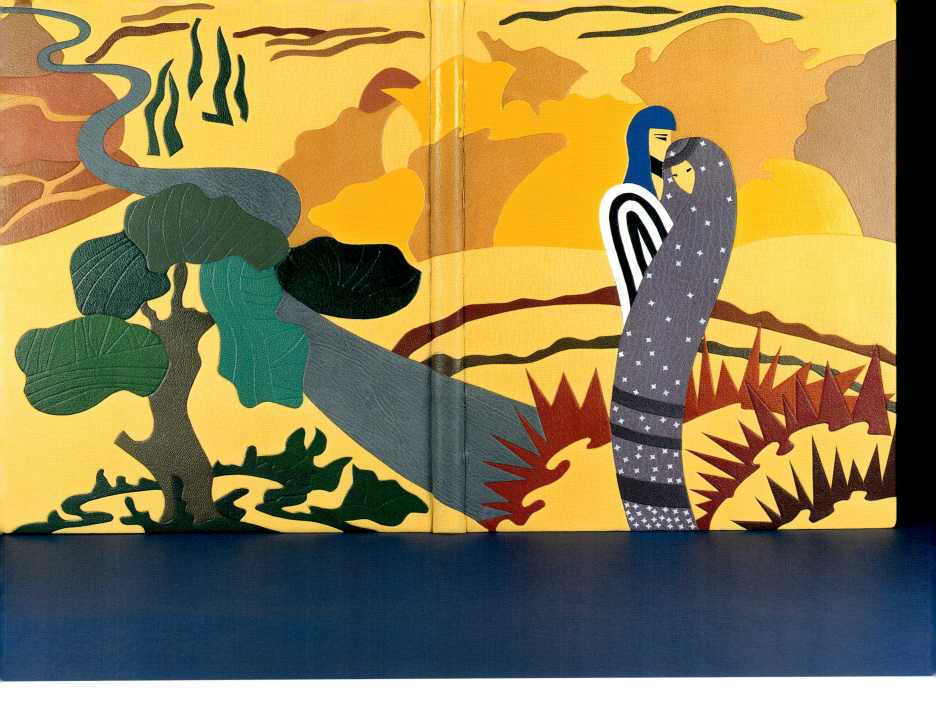

61. 『ルツ記』 旧約聖書の一書

Ruth et Booz（Old Testament）

仏　訳：ジョセフ＝シャルル・マドリュース
　　　　Joseph-Charles Mardrus
挿　絵：フランソワ＝ルイ・シュミード
　　　　François-Louis Schmied
発　行：パリ、1930 年、限定 155 ＋ 10 ＋ 7 部
表紙・総革装：レモンイエローのモロッコ革に、白・黄・緑・青な
　　　　ど多色の革のオンレイ装飾
見返し：オレンジ革
花　布：薄青・スカイブルー・薄緑の 3 色の絹糸による手縢り
小　口：三方金／アンカット

サイズ：36.0 × 28.4 × 2.2（㎝）
制作年：1991 年
内容とデザイン：本書は旧約聖書の一書で、わずか 4 章からなる最
　　　　も短く美しい物語である。ヨブ記と並んで傑作と言われる。
　　　　異邦人でモアブ人女性のルツが改心して、子孫がダビデや
　　　　イエス・キリストが誕生する家系の中で重要な役割を果た
　　　　すという、神の意図の壮大さを語る。
　　　　　表紙デザインは、ルツが落穂拾いをしている麦畑で、ル
　　　　ツを妻として迎え入れることになるボアスとの出会いを描
　　　　いた。

62. 『架空の伝記』

Vies Imaginaires

著　者：マルセル・シュオブ　Marcel Schwob
挿　絵：ジョルジュ・バルビエ　George Barbier
彫　り：フランソワ=ルイ・シュミード
　　　　Francois-Louis Schmied
　　　　ピエール・ブーシュ　Pierre Bouchet
出　版：フランソワ=ルイ・シュミード
発　行：パリ、1929 年、限定 120 部
表紙・総革装：青のモロッコ革に、薄青・薄ベ
　　　　ージュ・茶・薄茶の革のオンレイ装飾
　　　　と金箔押し
見返し：薄青ウルトラ・スエードに、青・白・
　　　　茶のオンレイ装飾と金箔押し
花　布：黄緑・緑・薄緑の3色の絹糸による手縢り

小　口：三方／アンカット
本のサイズ：27.8 × 25.7 × 5.0（cm）
丸背夫婦函：黒のモロッコ革に、青・薄青の革
　　　　のオンレイ装飾と金箔押し。トレーに
　　　　ライラックの革
サイズ：31.3 × 30.3 × 7.5（cm）
内　容：僅か37歳で生涯を終えた著者（1867
　　　　−1905）は、フランスの作家。『黄金
　　　　仮面の王』『モネルの書』『少年十字軍』
　　　　など多数の作品がある。『架空の伝記』
　　　　は古代ギリシャから 19 世紀に至るま
　　　　での奇人変人の一代記で、豊富な知識
　　　　と想像力を駆使した伝記文学の傑作。

本の見返し

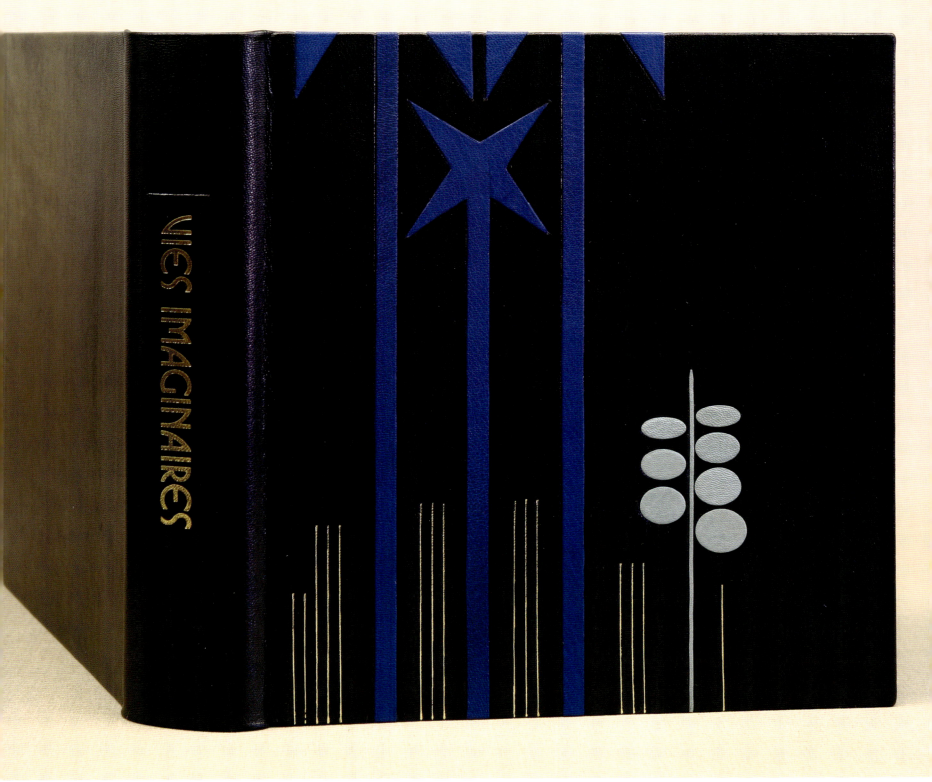

丸背夫婦函

 LLE était fille d'Appius Claudius Pulcher, consul. A peine eut-elle quelques années, elle se distingua de ses frères et de ses sœurs par l'éclat flagrant de ses yeux. Tertia, son aînée, se maria de bonne heure ; la plus jeune céda entièrement à tous ses caprices. Ses frères, Appius et Caïus, étaient déjà avares des grenouilles en cuir et des chariots de noix qu'on leur faisait ; plus tard, ils furent avides de sesterces. Mais Clodius, beau et féminin, fut compagnon de ses sœurs. Clodia leur persuadait avec des regards ardents, de l'habiller avec

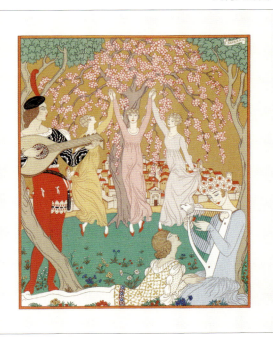

63.　ダンテ『神曲』講義　全3巻

Dante "La Divina Commedia" Lectures 3vols.

第1巻（地獄編）　vol. 1 (Inferno)
第2巻（煉獄編）　vol. 2 (Purgatorio)
第3巻（天国編）　vol. 3 (Paradiso)

著　者：今道友信　Tomonobu Imamichi
表紙・総革装：第1巻／濃紫、第2巻／黒、第3巻／赤
　　　　　　などのモロッコ革に、多様種の特殊革のオンレ
　　　　　　イ装飾とメキシコ貝の象眼とプラチナ箔押し
見返し：銀と赤の特殊革
花　布：特殊革

小口の装飾

ダンテ
「神曲」
講義

今道友信

天の装飾

小　口：赤、黒などのパラガケにプラチナと金箔押し
サイズ：22.5 × 14.9 × 4.5（cm）
内容とデザイン：エンゼル財団主催のフォーラムで、著
　　　　　者がダンテ『神曲』をテーマに講義、解説した
　　　　　研究書。
　　　　　　表紙デザインは、懐疑に悩むダンテが理性の
　　　　　象徴であるウェルギリウスの案内で地獄の人
　　　　　間の悪行の残虐行為を見たあと、犯罪の浄化の
　　　　　ために苦行する煉獄を見る。最後にベアトリー
　　　　　チェとともに天国に昇り、三位一体の神を見る
　　　　　経験をイメージした。

ダンテ
「神曲」
講義
今道友信

第 3 巻　天国編

　著者（1922−2012）は、美学の巨星、中
世哲学研究者、東京大学教授。

参　照：p.199 に同名の本がある。

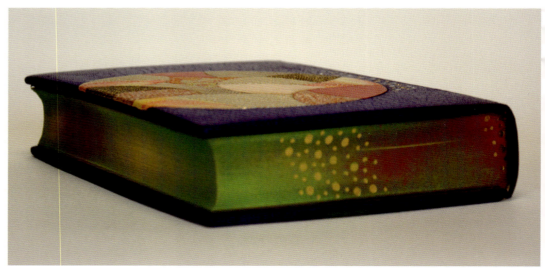

小口の装飾

64. 『英国の私家版』

The Private Presses

著　者：コリン・フランクリン　Colin Franklin
和　訳：大竹正次　Masaji Otake
発　行：東京、アトリエ・ミウラ、1983 年、限定 100 部
表紙・総革装：黒のモロッコ革に、赤のシャグラン革のオンレイ装
　　　　　飾と空押し
見返し：濃茶の革
花　布：黒・黄・グレーの 3 色の絹糸による手縢り
小　口：天／黒鉛
サ イ ズ：37.7 × 26.8 × 4.3（㎝）
制作年：1993 年

内容とデザイン：英国の代表的な私家版の印刷所、ケルムスコッ
ト・プレス、アシェンデン・プレス、グレガノック・プレス、
エラニー・プレスなどのプリンター・マークの空押しと当
時流行であった装飾頭文字の赤インクの印刷をイメージし
た。

65. 『風の又三郎・宮澤賢治作品集』

Kaze no Matasaburo "The Wind Boy"
from the Works of Kenji Miyazawa

発　行：東京、東京八雲書店、1943 年
表紙・総革装：濃茶のモロッコ革に、様々な特殊革のオンレイ装飾
見返し：金の特殊革
花　布：金の特殊革と赤の仔牛革
サイズ：18.8 × 12.6 × 2.8（㎝）
制作年：2005 年
内容とデザイン：田舎の小さな小学校に転校してきた不思議な少年
　　　　を、村の子供たちは風の子ではないかと疑念を抱く。子供
　　　　たちの心の中に現実と幻想が入り混じっていく物語。

著者（1896−1933）は、詩人、童話作家で、代表作に『グスコーブドリの伝記』『銀河鉄道の夜』などがある。
　表紙デザインは、中央部に冠雪した岩手山、右の吹き流れる又三郎の髪は赤、中央の濃鼠青は彼が着るマントルとイガグリをつけた大木が立ち並ぶ山麓を一体化させ、北風を直線の金箔押し、左下に又三郎の友達、一郎と耕一の頭部、3つの装飾円は世界を駆け巡る様をイメージした。

66. 『濹東綺譚』

East of the Sumida River

著　者：永井荷風　Kafu Nagai

発　行：東京、岩波書店、1937年

表紙・総革装：ワインレッドのモロッコ革、黒・黄・濃鼠革と青の
　　　　　特殊革のオンレイ装飾。金箔押しと空押し

見返し：ワインレッドの仔牛革

花　布：緑・紺・赤の3色の絹糸による手縢り

小　口：三方金

サイズ：21.9 × 15.8 × 2.2（㎝）

制作年：1997年

内容とデザイン：昭和の初めの玉ノ井を舞台とした主人公と娼婦お
　　雪の出会いと別れを哀愁漂う文章で描く荷風の傑作。

　　著者（1879−1959）は、小説家で、代表作に『あめり
か物語』『ふらんす物語』『腕くらべ』などがある。

　　表紙デザインは、左に隅田川、右にお雪と和傘。全体に
空押しで雨が降っている情景を表している。

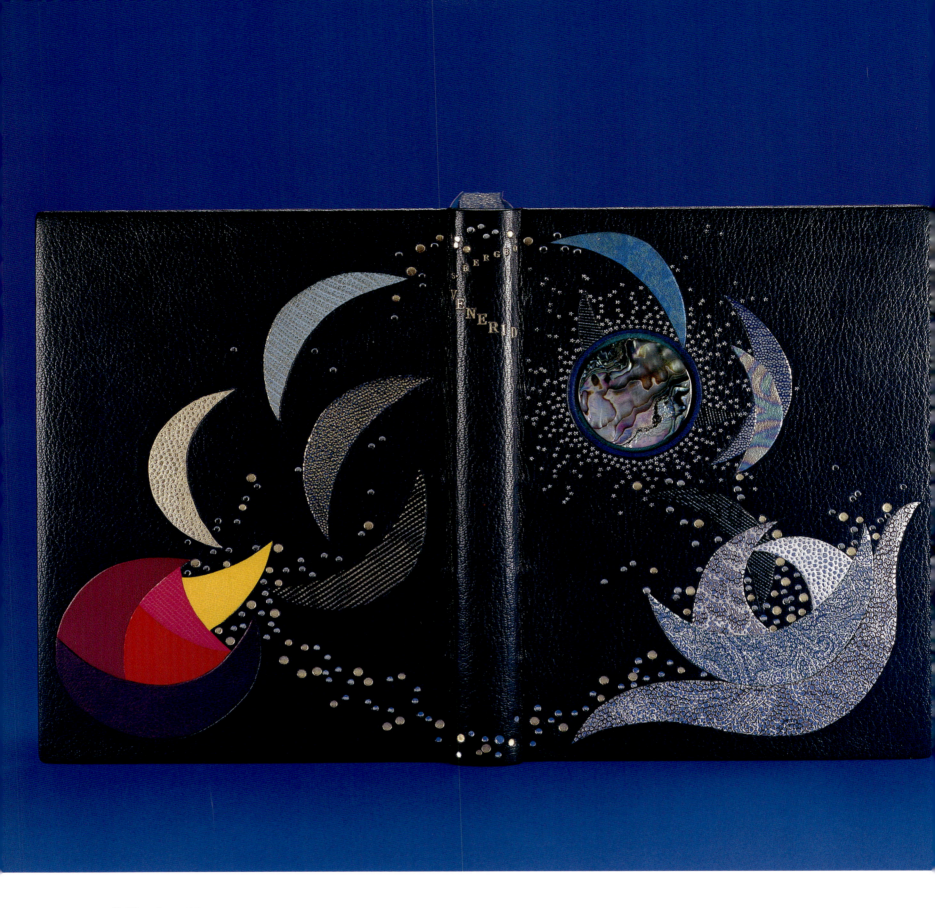

67. 『ヴェネード』

Veneryd

著　者：スコゲーシェア・ベルグブー　Skogekär Bergbo
発　行：スウェーデン、ストックホルム、1949 年
表紙・総革装：濃紺のモロッコ革に、赤・紫の革と特殊革の装飾と
　　　　　　　プラチナ箔押し
見返し：オーローグラフ、紫のシャグラン革に星形のプラチナ箔押
　　　　し
花　布：緑・濃青・青の3色の絹糸による手縢り
小　口：濃青の地に金・プラチナ箔押し
サイズ：27.8 × 20.0 × 3.3（㎝）

内容とデザイン：著者（1619−1684）は、スウェーデンの作家。
　　約 100 のソネットと散文が収められている。
　　　表紙デザインは、人間の感情は束縛されることなく愛に
　　よって影響されることをイメージし、左側は植物の種の発
　　芽から成長、右側は開花を表している。
　　　右頁は、この本の表紙と小口。

68. 『記憶：ホロコーストのフランスの子供達』
ツイン・バインディング

A Memorial：French Children of the Holocaust
Twin-binding

著　者：セルジュ・クラルスフェルト　Serge Klarsfeld

発　行：ニューヨーク大学出版局、1996 年

表紙・総革装：ツイン・バインディング
　　　　　　黄・グレーのモロッコ革に、茶・濃茶の革のオンレイ装飾
　　　　　　と金・プラチナ箔押し

見返し：赤紫のシャグラン革とグレーのスウェードと黒の革、紫の
　　　　革と薄グレーのスウェードと革

遊び紙：黒・紫の仔牛革

花　布：黒・紫・黄の3色の絹糸による手縢り

小　口：三方金

サイズ：24.5 × 19.3 × 4.5（㎝）2巻とも

制作年：2000 年

デザイン：両方の本が共有する表紙の中央に直径3センチの穴を配
　　　　　置し、数多くの円形の濃オリーブグリーンと四角形の茶の
　　　　　革の装飾と金・プラチナ箔押しが、その中に消えていくデ
　　　　　ザインは、子供達が姿を消す有様を表し、小さな星形の金・
　　　　　プラチナ箔押しは、天国に戻ることを表している。
　　　　　著者は 1935 年ルーマニアに生まれ、フランスで弁護士、
　　　　　歴史家となった。

▲▼ 本の表紙と見返し

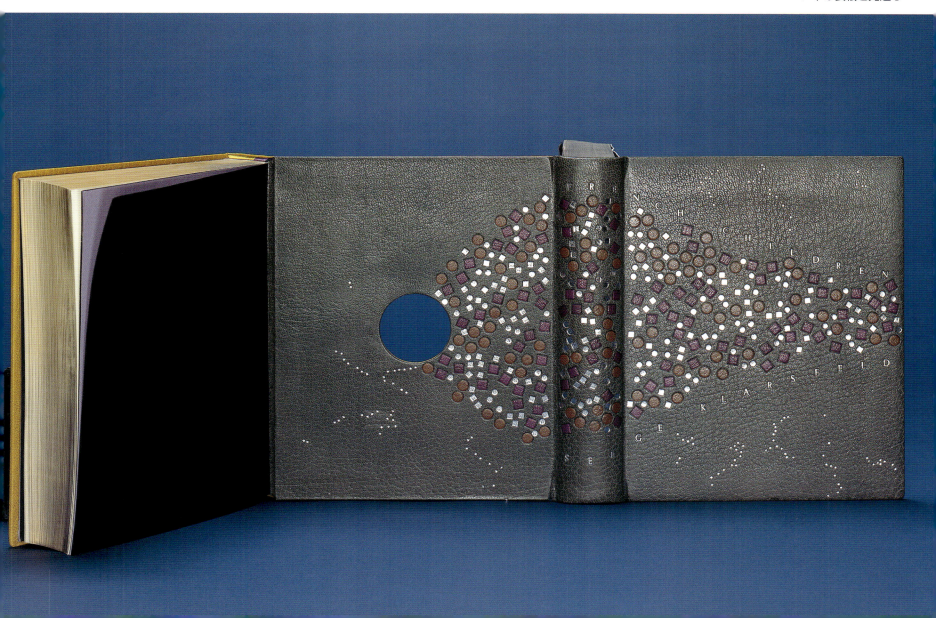

69. 『リチャード三世の悲劇』

The Tragedy of King Richard the Third

著　者：ウィリアム・シェイクスピア　William Shakespeare
挿絵・木版：マリー・グラブホーン　Mary Grabhorn
発　行：サンフランシスコ、グラブホーン・プレス、
　　　　The Grabhorn Press、1953年、限定180部
表紙・総革装：レッドピンクのモロッコ革に、多様種の革のオンレ

イ装飾とメキシコ貝の象眼。プラチナと金箔押し
見返し：ワインレッドの仔牛革
花　布：紫・赤・白の３色の絹糸による手縢り
小　口：三方金／天（カット）、前小口・地（アンカット）
サイズ：26.2 × 19.3 × 4.0（㎝）
制作年：2010年
内容とデザイン：身体的障害を持って生まれたリチャードの生き甲

RICHARD III

斐は、王位を獲得することだけで、その野望のために狡猾で残忍な陰謀をはかる。しかも彼は稀に見る詭弁家で人をおとしいれていく巧みな話術と凍り付くような策略で、政敵を次々に葬って行き、また女性たちを籠絡してついに王位に就く。しかしそれも束の間、リッチモンド伯ヘンリー（後のヘンリー七世）の挙兵をきっかけに、味方を次第に失い、ついにはボズワースの戦いで没する。

表紙は奥に王が君臨する宮殿、あるいは城壁・牢獄ともいえる石造りの巨大な建物を配し、左側はリチャードによって殺されたロンドン塔へ送られた兄のジョージ（クラレンス公）、刺客によって殺されたエドワードとリチャードの二人の王子などをイメージした。右側の燃え盛る火炎はアン王妃の髪で、リチャード三世によって殺された怒りと怨念を表し、画面下にアンの横顔を配した。右端は王冠を被って得意満面なリチャード三世を配している。

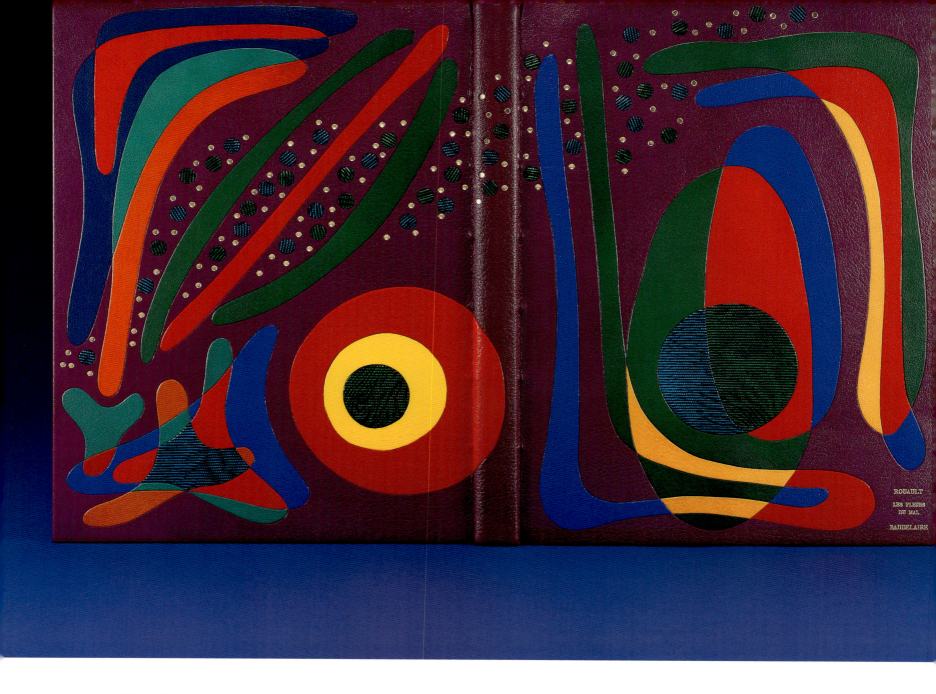

70. 『悪の華』

Les Fleurs du Mal

著　者：シャルル・ボードレール　Charles Baudelaire

挿　絵：ジョルジュ・ルオー　Georges Rouault

発　行：パリ、1966年、限定425部（＋非売25部）

　　　＊画集1部に付き、14枚の銅版画（44.5cm×34.0cm）入
　　　　りで、既に1926－27年に刷師ジャックマンによって作
　　　　られ、保管されていたものを使用。

表紙・総革装：紫のモロッコ革に、赤・緑・青・黄などの革と特殊
　　　　革のオンレイ装飾と金箔押し

見返し：黒の革に赤・緑の革

花　布：黒・青・薄グレーの3色の絹糸による手縢り

サイズ：46.2 × 34.5 × 4.8（cm）

制作年：1992年

内容とデザイン：著者（1821－1867）はフランスの詩人、評論家
　　　　で、代表作に『巴里の憂鬱』がある。

　　　著者の詩人としての生誕から終焉までの遍歴を「憂鬱と
　　　理想」など6部構成で展開する散文集で、退廃的で官能的
　　　な表現が世界の文学界に与えた影響ははかり知れない。銅
　　　版画はルオーのイマジネーションを駆使した作品。

　　　表紙デザインは、魂の遍歴をイメージした。

71. 『黙示録』 新約聖書の最後の章
The Apocalypse（New Testament）

発　行： サンフランシスコ、アリオン・プレス　The Arion Press、
　　　　発行者兼印刷家のアンドリュー・ホイエム　Andrew
　　　　Hoyem のサイン入り、1982 年、限定 150 ＋ 50 部
挿　絵： ジム・ダイム　Jim Dane　29 枚のモノクロ木版画入り、
　　　　ジム・ダイムのサイン入り
表紙・総革装： 黒のモロッコ革に、赤・黒・緑・濃緑・深紅・黄・橙・
　　　　グレー・濃青などの革のオンレイ装飾と青・緑の箔押し
見返し： 金・銀の特殊革と紫の仔牛革
花　布： 紫・銀・ダークグレーの 3 色の絹糸による手縢り
小　口： 天／銀（デザイン入り）

シミーズ： 黒のモロッコ革、自作のマーブル・ペーパー、黒のスウ
　　　　ェード
スリップケース： 黒のモロッコ革、自作のマーブル・ペーパー、緑
　　　　のフェルト
本のサイズ： 38.4 × 28.5 × 2.5（㎝）
スリップケースのサイズ： 39.4 × 30.1 × 3.6（㎝）
制作年： 2011 年
内容とデザイン： 『ヨハネの黙示録』は、ユダヤ教やキリスト教の黙
　　　　示文学のなかで、後世に大きな影響力を与えた書物の一つ
　　　　である。
　　　　　表紙デザインは、7 人の天使がそれぞれラッパを吹くと
　　　　太陽・月・星が破壊され、血が混じった雷や火の塊が地上
　　　　に降り注ぎ、世界の終焉が訪れる場面をイメージした。

72. 『新東亜交易50年史』

The 50 Years History of the
SHINTOA CORPORATION

発　行：東京、2003年
表紙・総革装：濃紺のモロッコ革に、赤・青・緑など革と多様種の
　　　　　　　特殊革のオンレイ装飾
見返し：金の装飾革と緑の仔牛革
遊び紙：マーブル・ペーパー
花　布：緑・青・黄の3色の絹糸による手縢り
サイズ：27.1 × 18.1 × 2.2（㎝）
制作年：2003年

内容とデザイン：会社の事業目標
　　1．産業の基盤作りを支える新東亜
　　2．環境と資源の再利用に優しい新東亜
　　3．健康な日々の暮らしに役立つ新東亜
　と、50年、半世紀のこれからの社の飛躍をイメージに
してデザインした。

73. 『川端康成とともに』

With Yasunari Kawabata

著　者：川端秀子　Hideko Kawabata
発　行：東京、新潮社、1983 年
表紙・総革装：濃紺のモロッコ革に、白・薄青・黄緑の革のオンレ
　　　　イ装飾とプラチナ箔押し
見返し：仔牛革
花　布：3 色の絹糸による手縢り
小　口：三方金
サイズ：19.2 × 13.3 × 2.1（㎝）
制作年：1993 年

内容とデザイン：著者（1907-2002）は、川端康成夫人。川端
　　　との出会いから晩年までの体験を爽やかな文体で綴った回
　　　想録。
　　　　表紙デザインは、鎌倉・長谷の桜をイメージした。

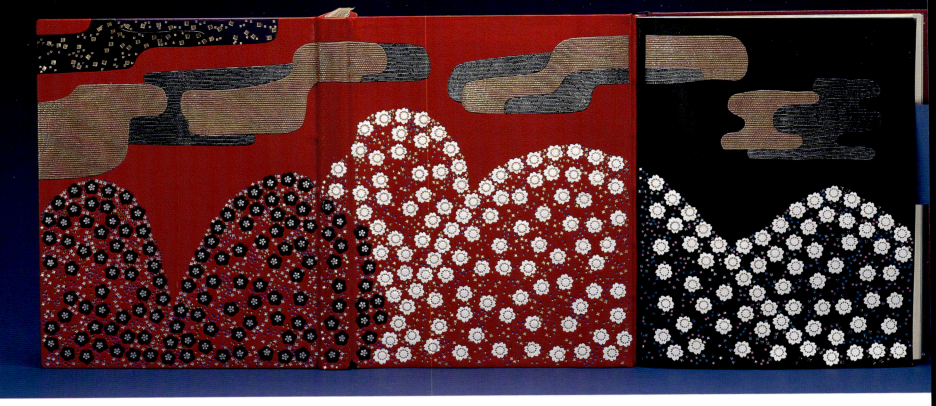

▲▼ 表紙から見返しへ続く一連のデザイン

74.　ハナ菅田『儀式の着物』ツイン・バインディング

Hana Sugata　Ceremonial Kimonos
Twin-binding

著　者：流星河合　Ryusei Kawai

発　行：東京、1956年（上巻）、1957年（下巻）

表紙・総革装：ツイン・バインディング
　　　　上巻／赤のモロッコ革に、白・黒の革と特殊革のオンレイ
　　　　装飾と金・青・緑の箔押し
　　　　下巻／黒のモロッコ革に、白・赤・青・ピンクなどの革と
　　　　特殊革のオンレイ装飾と金・青・緑の箔押し

見返し：紫・ワインレッド・緑などの革に、白・赤・黄・橙・緑な
　　　　どの革のオンレイ装飾。金・青・緑の箔押し

花　布：紫・赤・薄緑の3色の絹糸による手縢り

小　口：三方金／アンカット

サイズ：37.0 × 28.5 × 3.5（㎝）

内容とデザイン：上巻・儀式の着物 100 のデザイン、下巻・正装
　　　　の着物のための 100 のデザイン、2 巻とも着物がテーマ。
　　　　花鳥風月・春夏秋冬をイメージした。

▲ 本の前見返し　▼ 本の後見返し

【解説 p.142】

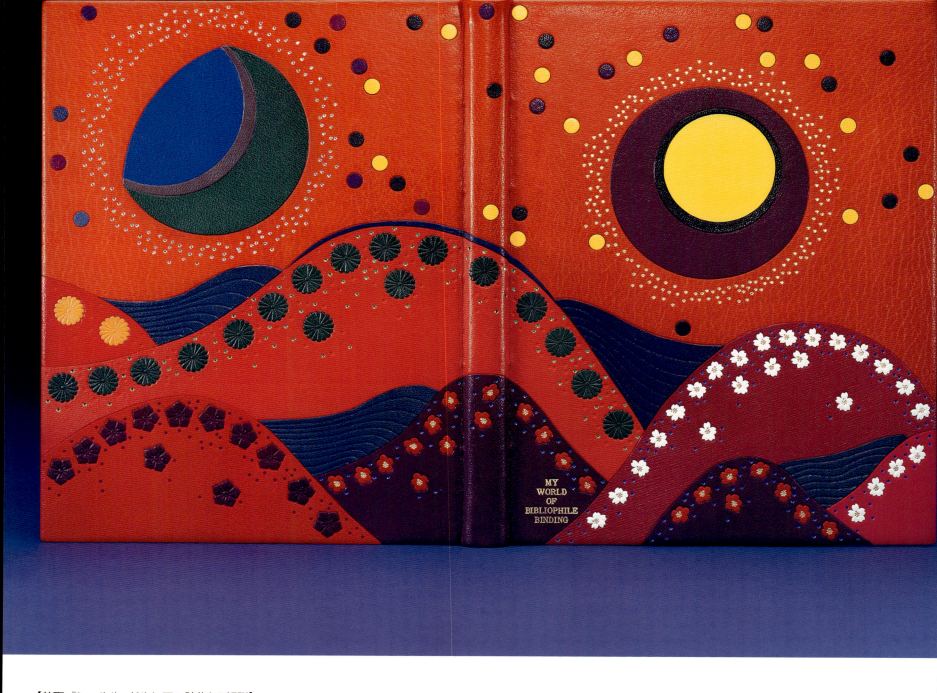

MY
WORLD
OF
BIBLIOPHILE
BINDING

【前頁『シャルル・ドルレアン詩集』の解説】

挿　絵：アンリ・マチス　Henri Matisse

発　行：パリ、1950年、限定本

表紙・総革装：濃紺のモロッコ革に、茶・薄茶・赤・緑・青など多
　　　　　　様種の革と特殊革のオンレイ装飾と青・緑の箔押し

見返し：薄緑のスウェード、濃紺の仔牛革に青・緑の箔押し

花　布：オリーブグリーン・薄茶・青の3色の絹糸による手縢り

小　口：三方金／アンカット　　サイズ：41.3×26.1×3.1（cm）

内容とデザイン：フランスの王族オルレアン公は、ルイ12世の父、
　　　　　　詩人でもある。イギリスとの戦いに破れ、25年間投獄さ
　　　　　　れたときの「獄中の歌」は知られている。フランス王の象
　　　　　　徴の百合の花と波瀾万丈の生涯を送ったオルレアン公の横
　　　　　　顔を重ね合わせて構図とした。p.197,216の最下段左の
　　　　　　写真参照

76.　『私の製本装幀芸術の世界』

My World of Bibliophile Binding

著　者：ティニ・ミウラ　Tini Miura

発　行：東京、求龍堂、1980年

表紙・総革装：朱のモロッコ革に、黄・白・緑・青・赤などの革の
　　　　　　オンレイ装飾と青・緑・赤・金・プラチナ箔押し

花　布：赤・黄・オレンジの3色の絹糸による手縢り

小　口：三方プラチナ

サイズ：34.1×25.7×2.1（cm）

制作年：1992年

参　照：p.176に同名の本がある。

77. 『千の黄金の花びらをもつ花』

La Fleur aux Mille Pétales d'Or

著　者：ドクトル・ルシアン＝グロー
　　　　Docteur Lucien-Graux

挿　絵：藤田嗣治　Tsuguharu Foujita

発　行：パリ、Éditions d'Art Apollo、1930 年、アクアティント
　　　　刷、限定 99 部

表紙・総革装：濃グレーのモロッコ革に、赤・黄・緑・青・オレン
　　　　ジなどの革のオンレイ装飾

見返し：ライラック・黄の革に、多色の革のオンレイ装飾と金箔押
　　　　し

遊び紙：オーローグラフ

花　布：茶・黄・オレンジの3色の絹糸による手縢り

サイズ：32.6 × 24.4 × 2.0（㎝）

制作年：1991 年

78.　『列王記』　旧約聖書の一書　全2巻

Le Livre des Rois（Old Testament）2 vols.

仏　訳： ドクトル・ジョセフ＝シャルル・マドリュース
　　　　 Dr. Joseph-Charles Mardrus

挿　絵： フランソワ＝ルイ・シュミード
　　　　 François-Louis Schmied

発　行： ローザンヌ、Gonin & Cei、1930年、限定175＋20部

上巻

表紙・総革装： 薄青のモロッコ革に、赤・緑・黄・青・橙などの革
　　　　　　　 と特殊革のオンレイ装飾。金箔押しとメキシコ貝の象眼

見返し： グレーの仔牛革に、多色の革のオンレイ装飾と金箔押し

花　布： 薄青・青・濃紺の3色の絹糸による手縢り

小　口： 天／パラガケ

サイズ： 25.7 × 20.9 × 3.0（㎝）

制作年： 1993年

内容とデザイン： 『列王記』はダヴィデの後継者ソロモンから南ユ
　　　　　　　　 ダ王国と北イスラエル王国の分裂と約400年に及ぶイス
　　　　　　　　 ラエル王国の衰退の物語。王位継承の争い、政略結婚のツ
　　　　　　　　 ケ、慢性的財政危機、宗教的反逆、宗教の政治的利用、王
　　　　　　　　 の私物化などにより、王制理念は崩壊した。表紙デザインは、
　　　　　　　　 イスラエル王国の崩壊と再興を抽象的にイメージした。

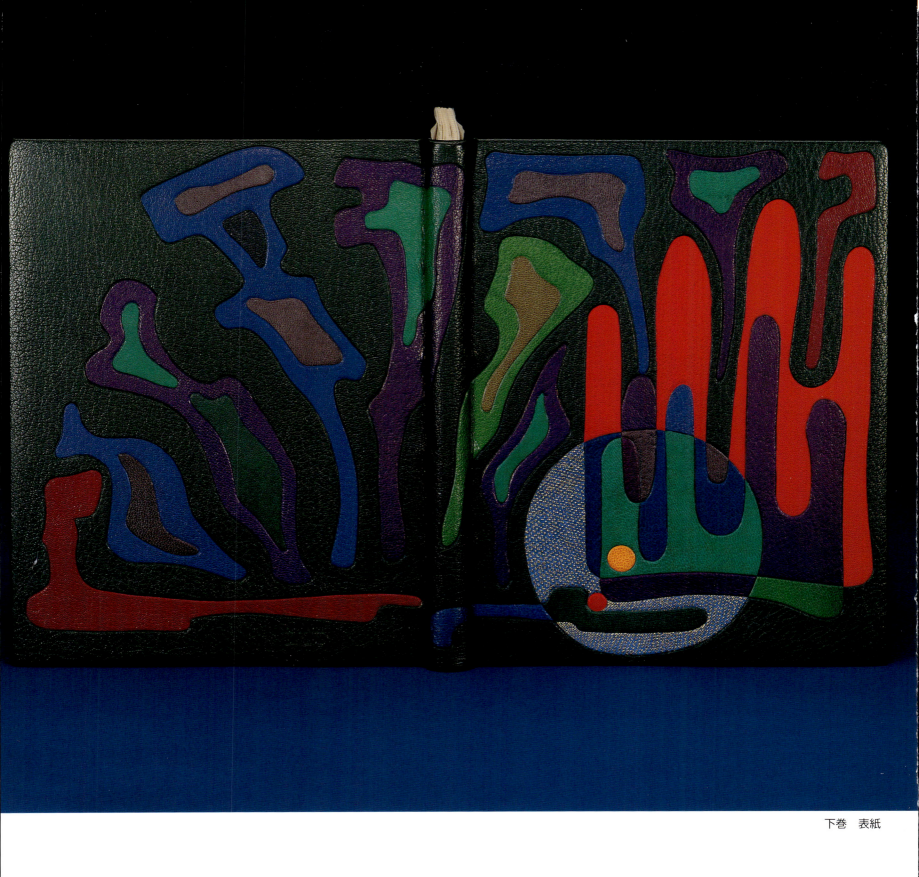

下巻　表紙

下巻

表紙・総革装 ： 濃緑のモロッコ革に、赤・緑・青・黄・茶などの革
　　　　　　　と特殊革のオンレイ装飾
見返し ： 青・緑の仔牛革に、多色の革のオンレイ装飾
花　布 ： 薄緑・緑・濃緑の３色の絹糸による手縢り
小　口 ： 三方／アンカット
サイズ ： 25.7 × 19.4 × 2.4（㎝）
制作年 ： 1993 年

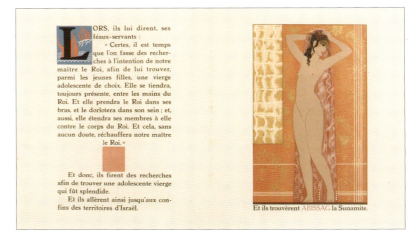

第 2 巻

めいびれん
明美蓮

おうぎょくはい
黄玉杯

ゆうぎぼたんれん
友誼牡丹蓮

せんじゅうべにれん
千重紅蓮

第1巻

おおがはす
大賀蓮

しょくこうれん
蜀紅蓮

ネール蓮（インド）

せいげつれん
清月蓮

『世界の花蓮図鑑』　全4巻

第1巻　　　　　　　　　　　　　　　　　　　　第2巻

79.　『世界の花蓮図鑑』　全4巻

Photographic Reference Book of
World Lotus Flowers　4 vols.

著　者：三浦功大　Kodai Miura、池上正治　Shoji Ikegami
発　行：東京、勉誠出版、2012年
表紙・総革装：黒のモロッコ革に、青・緑・紫などの革と多様種の

装飾革。青・緑・金・プラチナ箔押し（各巻）
見返し：マーブル・グラフィックに金箔押し。赤・緑の仔牛革と特
　　　　殊装飾革（各巻）
花　布：3色の絹糸による手縢り（各巻）
小　口：天／色染め（各巻）

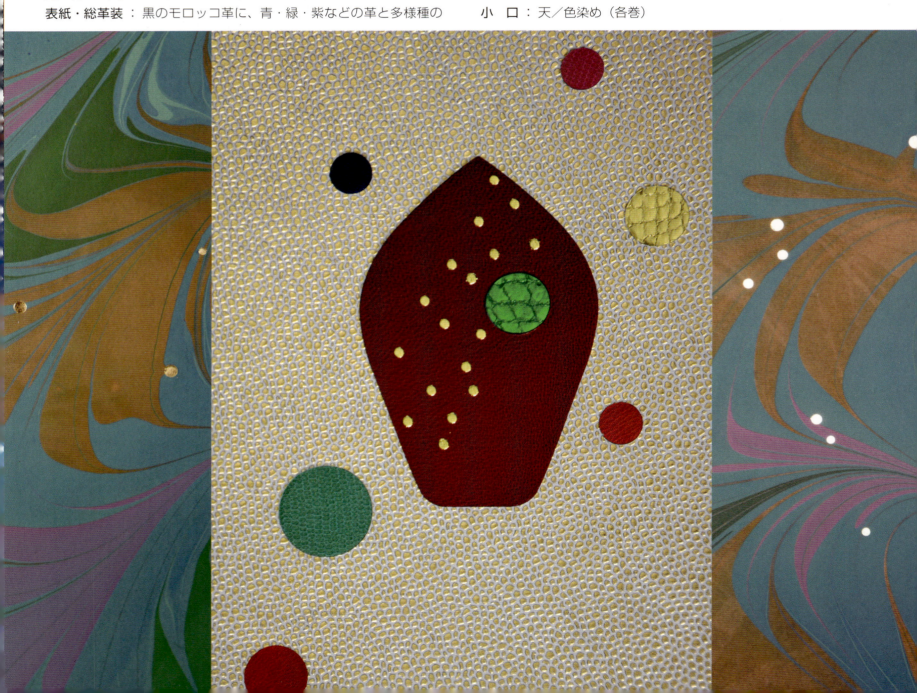

第3巻　　　　　　　　　　　　　　　　第4巻

サイズ　：　30.8×21.5×2.9（㎝）
制作年　：　2013年
内容とデザイン　：　現在世界に分布する蓮花約100種を厳選し、写
　　　　　　　　　真撮影とその解説を加えた世界で初めての本格的な図鑑で、
　　　　　　　　　資料として一級品である。

全4巻すべて連続したデザインで、本の上の方は流線形の
段違いの二次元の面にし、夜空に輝く満天の星と洋々と流
れる水を表している。各巻に様々な花蓮13と葉14を配
置した。

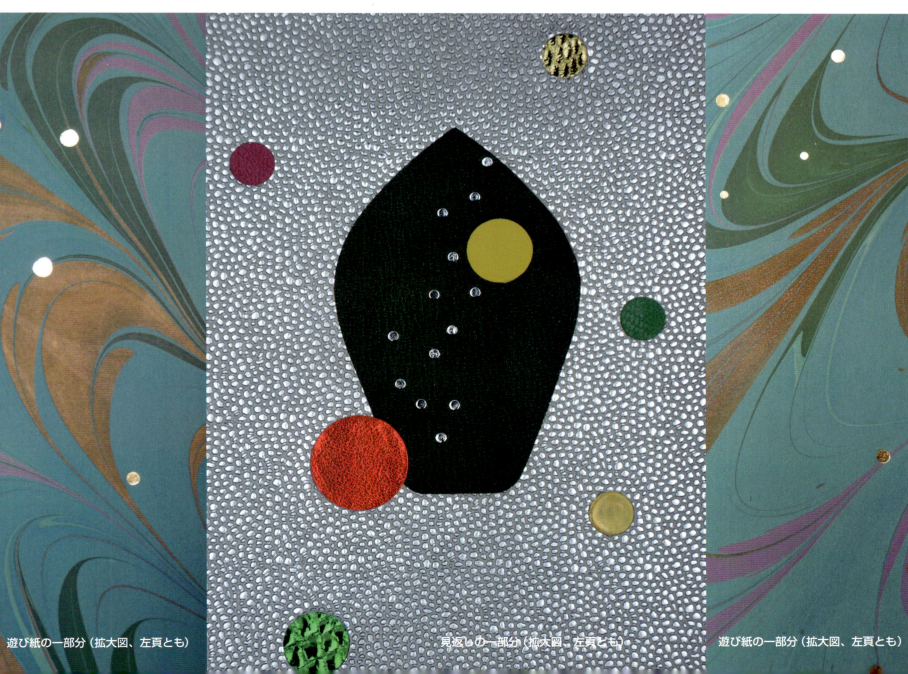

遊び紙の一部分（拡大図、左頁とも）　　　　　　　見返しの一部分（拡大図、左頁とも）　　　　　　　遊び紙の一部分（拡大図、左頁とも）

世界の花蓮図鑑

三浦功大
池上正治

Tivi

第4巻

一天四海
（いってんしかい）

紅万々
（こうまんまん）

巨椋の輝
（おぐら　かがやき）

重台蓮（中国）
（ちょうだいれん）

第3巻

大灑錦

しょうさいきん
小灑錦

原子蓮（咲分け）
げんしはす

そうとうれん
双頭蓮（中国）

80. 『アメリカ創価大学』

Soka University of America

発　行： カリフォルニア、2001 年
表紙・総革装： スカイブルーのモロッコ革に、赤・青・緑などの革
　　　　　　 のオンレイ装飾と青・緑・プラチナ・金の箔押し
見返し： マーブル・ペーパー
花　布： 青・黄・赤の 3 色の絹糸による手縢り
サイズ： 38.0 × 27.5×4.5（cm）
制作年： 2001 年
デザイン： 地球の自然界の象徴として、荒れ狂う風と大海の波濤と
　　　　　 宇宙の満天の星、太陽光、月、星などをイメージした。

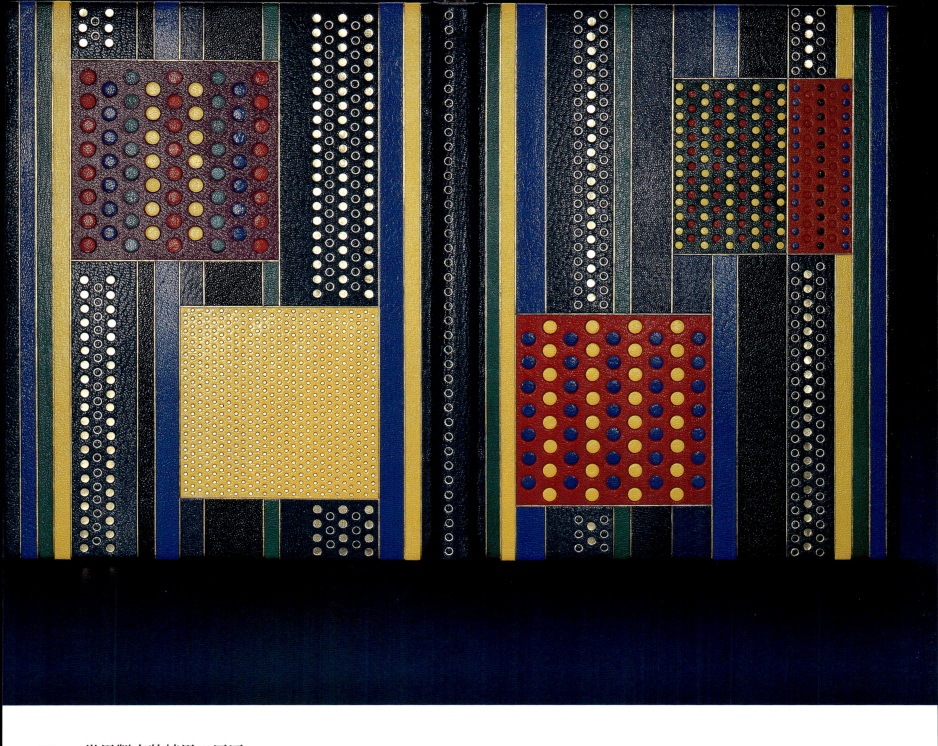

81. 世界製本装幀界の巨匠
『ティニ・ミウラの世界　1980－1990』

A Master's Bibliophile Bindings
Tini Miura　1980－1990

著　者：ティニ・ミウラ　Tini Miura
発　行：東京、教育書籍、1991 年
表紙・総革装：黒のモロッコ革に、赤・青・緑・黄の革のオンレイ
　　　　装飾と金・プラチナの箔押し
見返し：濃紺の仔牛革
花　布：薄青・紫・青の 3 色の絹糸による手縢り
小　口：三方金
サイズ：34.7 × 25.5 × 2.8（㎝）

制作年：1995 年
参　照：p. 50, 95, 113, 201, 202 に同名の本がある。

82. 『言葉なき恋歌』

Romances sans Paroles

著　者：ポール・ヴェルレーヌ　Paul Verlaine
挿　絵：エルミーヌ・デヴィッド　Hermine David
発　行：パリ、1934年、限定200部
表紙・総革装：濃群青のモロッコ革に、青・緑・紫の革と多様種の
　　　　　特殊革のオンレイ装飾とプラチナ箔押し
見返し：グレーの子牛革
花　布：オリーブ・緑・青の3色の絹糸による手縢り
小　口：三方金／アンカット
サイズ：23.0 × 14.5 × 2.0（cm）
制作年：1996年

デザイン：著者（1844−1896）は、フランスを代表する象徴派の詩人で、自己破滅的人生を送った。本書は「忘れられた小唄」「ベルギー風景」「水彩画」の詩編からなる。ちなみに彼がランボーとベルギーへ逃亡し、妻に絶縁の手紙を送った1872年の作品である。
　　表紙デザインは、「ベルギー風景」の最後に収められている詩編「夜の鳥」をイメージした。

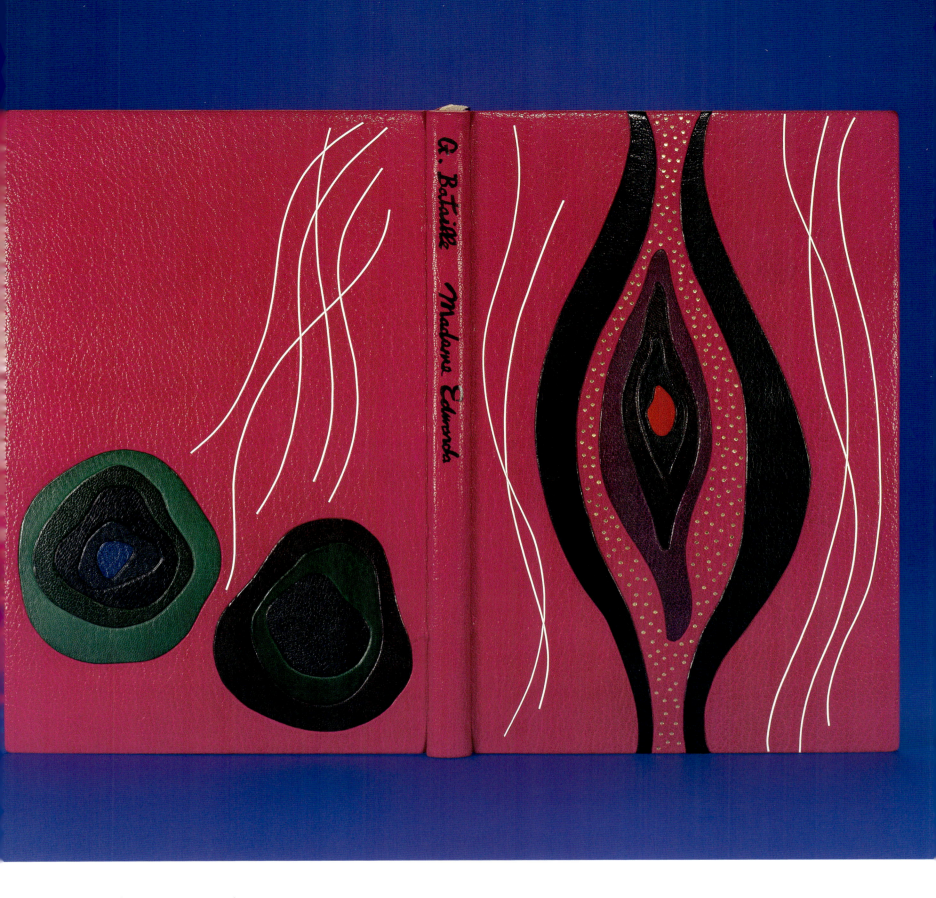

83. 『マダム・エドワルダ』

Madame Edwarda

著　者 ： ジョルジュ・バタイユ　Georges Bataille
挿　絵 ： ハンツ・ベルマー　Hans Bellmer
発　行 ： パリ、1955 年、限定 150 部
表紙・総革装 ： ワインレッドのモロッコ革に、緑・濃緑・青・黒な
　　　　　　 どの革のオンレイ装飾と金箔押し
見返し ： 赤の子牛革と濃紺のスウェード
花　布 ： ライラック・紫・薄紫の 3 色の絹糸による手滕り
小　口 ： 三方金／アンカット
サイズ ： 38.0 × 24.5 × 2.6（㎝）
制作年 ： 1996 年

デザイン ： 著者（1897－1962）は、フランスの哲学者・思想家・作家。孤独と性についての思想家の一人。普通・安定・平和・安寧などの言葉とは無縁の破壊・危険・反逆・退廃・官能などの言葉が文学的に無意識のうちに美しく響き渡る。この作品は戦火の下での娼婦との一夜、神や信仰の世界から性欲や孤独へと変化して行く極限のエロスを描いた代表作。ちなみに生田耕作和訳を三島由紀夫は絶賛している。
　　　　表紙デザインは、女のエロスを表した。

本の表紙

本の見返し

84. 『艶なる宴』

Fêtes Galantes

著　者：ポール・ヴェルレーヌ　Paul Verlaine

発　行：パリ、H. Plazza、1928 年、
　　　　限定 1,200 部

挿　絵：ジョルジュ・バルビエ　George Barbier

表紙・総革装：青のモロッコ革に、黒・紫・橙の
　　　　革のオンレイ装飾と金箔押し

見返し：濃灰色の革に、黒・薄青の革のオンレイ
　　　　装飾と金箔押し

丸背夫婦函：濃紺に濃灰色の革に、茶・橙・薄青
　　　　の革のオンレイ装飾と金箔押し

サイズ：本／31.0 × 25.5 × 3.0 (㎝)
　　　　函／34.0 × 28.0 × 5.0 (㎝)

制作年：2012 年

内　容：著者（1844−1896）は、フランスを代
　　　　表する象徴派の詩人で、自己破滅的人生
　　　　を送った。本書にはバルビエの格調高い
　　　　多色刷り木版画挿絵が 22 点入っている。

月あかり

丸背夫婦函

洞窟の中で

ゴンドラで

157

85. 『父・吉田謙吉と昭和モダン』

My Father Kenkichi Yoshida and the Showa Era

著　者：塩澤珠江　Tamae Shiozawa

発　行：東京、草思社、2012 年

表紙・総革装：黒モロッコ革の上に、赤・黄・橙・茶・緑・濃青・青などの革、シャグラン革、白蝶貝などのオンレイ装飾と空押し

見返し：黒の仔牛革の上に、金箔とプラチナ箔押し、赤のスウェードと金と銀の装飾革

遊び紙：手造りのオリジナル・マーブル・ペーパー、橙と黄橙の装飾紙

花　布：濃青・薄青・薄緑の 3 色の絹糸による手縢り

小　口：天／グラファイト（黒鉛）に曲線飾り
　　　　前小口と地／黒と濃紺のスプレー装飾

サイズ：21.3 × 14.5 × 2.5（㎝）

内容とデザイン：吉田謙吉（1897−1982）は、演劇舞台、衣装、ポスター、装幀など多方面にわたり活躍した昭和を代表する天才デザイナーである。著者は、波瀾万丈の昭和を駆け抜けた実父の仕事をエピソードを加えたリズム感溢れる文章で表現している。

　表紙デザインは、吉田謙吉の演劇舞台装飾、人生観、思想哲学などをイメージした。

LE LIVRE DE
LA VÉRITÉ
DE PAROLE

86. 『真実を話す本』　古代エジプト教典から

Le Livre de la Vérité de Parole
An Ancient Egyptian Text

仏　訳：ドクトル・ジョセフ＝シャルル・マドリュース
　　　　Dr.Joseph-Charles Mardrus

挿絵・出版：フランソワ＝ルイ・シュミード
　　　　François-Louis Schmied

発　行：パリ、1929年、サイン入、限定150部

表紙・総革装：サーモンピンクのモロッコ革に、茶・濃茶・緑・黒
　　　　などの革のオンレイ装飾。宝石ジェムストーンの象眼。空
　　　　押しと金箔押し

見返し：ベージュの革に、多色の革

遊び紙：オーローグラフ

花　布：ライラック・ピンク・赤茶の3色の絹糸による手縢り

小　口：三方／アンカット

サイズ：34.5 × 23.7 × 3.8（㎝）

制作年：1993年

内容とデザイン：古代エジプトの儀式、思想、教えなどを書いたもの。
　　　　表紙デザインは、古代エジプトをイメージした。象眼し
　　　　た宝石ジェムストーンは、真理、豊饒、虚栄などの象徴を
　　　　意味する。

参　照：p. 40, 41 に同名の本がある。

本の表紙

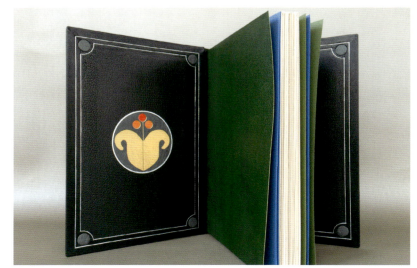

本の見返し

87. 『雅歌』 旧約聖書の一書
Le Cantique des Cantiques（Old Testament）

仏　訳：アーネスト・レナン　Ernest Renan

挿絵・出版：フランソワ＝ルイ・シュミード
　　　　　　François-Louis Schmied

発　行：パリ、1925年、限定110部

表紙・総革装：黒のモロッコ革に、青・濃紺・薄青・赤・茶などの
　　　　　　革のオンレイ装飾と金・プラチナ箔押し

見返し：黒のモロッコ革に、グレー・ベージュ・オレンジ・赤の革
　　　　のオンレイ装飾と金箔押し

花　布：紺・緑・黄の3色の絹糸による手縢り

小　口：三方／アンカット

サイズ ： 25.5 × 18.0 × 3.0（㎝）
丸背夫婦函 ： 茶のオアシス革に、白・赤・黄・黒・ベージュの革の
　　　　　　オンレイ装飾と金箔押し。赤のフェルト
制作年 ： 2012 年

丸背夫婦函と本

88. 『漢の武帝』

Emperor Wu of the Han Dynasty

著　者：永田英正　Hidemasa Nagata
発　行：東京、清水書院、2012 年
表紙・総革装：黒のモロッコ革の上に濃緑のシャグラン革と特殊な
　　　　　　革のオンレイ装飾と円形のメキシコ貝、黒蝶貝、白蝶貝を
　　　　　　配置し、さらに青・緑・金の箔押し
見返し：特殊な金・銀の装飾革
遊び紙：この本のために制作したマーブル・グラフィックを使用
花　布：緑・薄茶・黄の 3 色の絹糸による手縢り
小　口：天／黒鉛に線画
　　　　前小口と地／黒・赤・紫の色染め
サイズ：19.2 × 11.2 × 2.3（cm）　制作年：2013 年

内容とデザイン：漢の武帝（紀元前 157−87）は、16 歳の時に景帝のあとを継いで皇帝に即位した。武帝は中央集権の統治機構を完成させ、儒教を国教化し、皇帝直属の学校や大学を創設し、身分貧富関係なく広く有能な人物を育成し登用した。また地方行政改革、太初暦の制定、西域との貿易文化交流を活発化した、いわゆるシルクロードが始まった。

一方、度重なる遠征軍の出兵により、帝国の軍事費は増大し、流通経済は統制され、民の生活は困窮し、社会は不安定に陥った。

豊富な知識と膨大な資料を駆使し、中国の歴史上、独裁君主として権力を掌握し隆盛を誇った武帝の政治・軍事・外交・文化などについて追究した著者の文章は興味深く、重厚である。

表紙デザインは、漢の武帝の偉大なる足跡をイメージした。

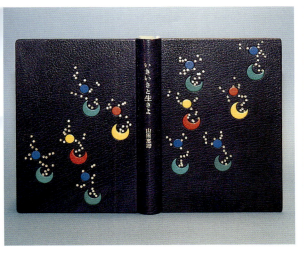
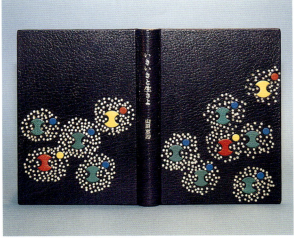
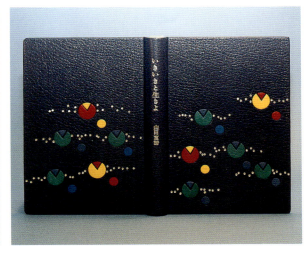

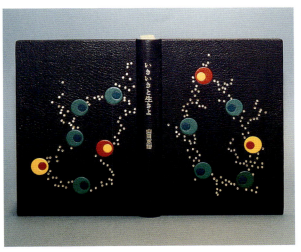
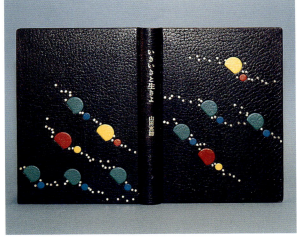
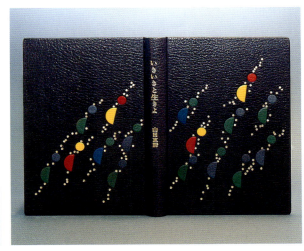

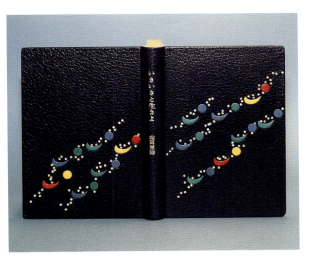

89.　『いきいきと生きよ』

To be Alive

著　者：山田恵諦　Etai Yamada

発　行：東京、出版文化社、1990 年
　　　　全て表紙デザインが異なる特装限定本
　　　　50 部

表紙・総革装：赤紫のモロッコ革に、多様種の
　　　　オンレイ装飾と金箔押し

見返し：オーローグラフ

花　布：橙の絹布

制作年：1990 年

小　口：三方／橙の色染めに黒のパラガケ

サイズ：19.7 × 12.9 × 2.3（㎝）

内容とデザイン：著者（1895−1994）は比
　　　　叡山・天台宗の第 253 世座主で、本
　　　　の副題は「比叡山のやさしい人間学」。
　　　　仕事、人生、平和、随観、運命など心
　　　　の常識について述べている。
　　　　　表紙デザインは、時代の変化に対応
　　　　して新しい世界の創造と精神、伝統な
　　　　ど不変的なものをイメージした。

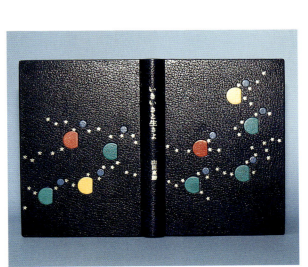

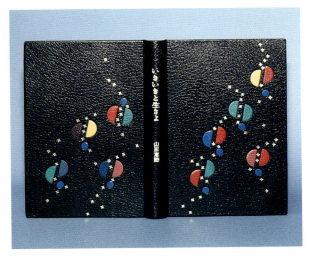

90. 『ユーパリノス』
Eupalinos

著　者：ポール・ヴァレリー　Paul Valéry
発　行：パリ、1947年、限定本、銅版画入り

表紙・総革装：濃紺のモロッコ革に、赤・青・緑・紫などの革の装
　　　　　　　飾と金箔押し
見返し：緑・濃紺の仔牛革
花　布：薄青・黒・グレーの３色の絹糸による手縢り

EUPALINOS
PAUL VALÉRY

小　口：天／金箔　前小口・地／金箔・アンカット
サイズ：30.0 × 25.5 × 3.2（㎝）
制作年：2000 年
内容とデザイン：ソクラテスとパイドロスによるあの世での対話と

いう設定で書かれた哲学的文章で、建築と美について議論
を進めていくもので、著者（1871−1945）の極めて異質
な文学の代表作である。表紙デザインは、古典的なギリシ
ャ建築から現代建築への変遷をイメージした。

91. 『美薗花蓮園』
Lotus Flowers
of the Misono Park

著　者：冨永　整　Tadashi Tominaga
発　行：静岡・浜松市、2008 年
表紙・総革装：黒緑のモロッコ革に、青・緑
　　　　の革と多様種の特殊革のオンレイ装
　　　　飾と青・緑の箔押し
見返し：金・銀の特殊革と緑の子牛革
遊び紙：マーブル・ペーパー
花　布：緑の革　制作年：2008 年
小　口：天から前小口・地へ、パラガケとス
　　　　プレーで黄・橙・赤・緑のグラデー
　　　　ションにしている。天のみ金箔押し
サイズ：26.0 × 18.3 × 1.8（㎝）
デザイン：幻想的な表表紙と裏表紙に蓮花と
　　　　茎葉を一輪ずつ配している。

左右ともに見返し

166

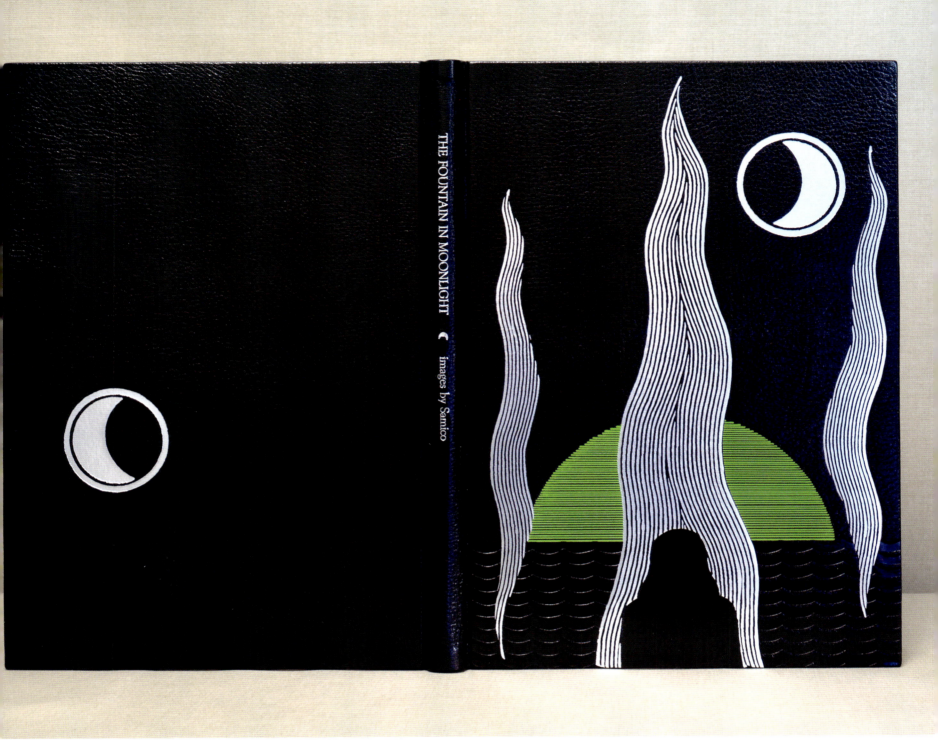

92. 『月光の中の泉』

The Fountain in Moonlight

挿　絵：サミコ　Samico

発　行：フィラデルフィア、テリュライド、タートル・
　　　　アイランド・プレス、1994 年、限定 26 部

木版印刷：アート・ラルソン　Art Larson

文字印刷：ダニエル・ケレハー　Daniel Keleher

表紙・総革装：黒のモロッコ革に銀、黄緑などの箔押し

紙　　　：岩野平三郎制作の三椏局紙

製　　本：26 部全てティニ・ミウラの手造り

見返し：銀の装飾紙　制作年：1994 年

内容とデザイン：ブラジルの芸術家による人間本来の
　　　　崇高な地域文化と神秘的で魅惑的な民族の伝
　　　　統をモノクロの木版画 26 枚と多色刷り木版
　　　　画 1 枚からなる版画だけで表現した物語。
　　　　　表紙デザインは、その内容をイメージした。
　　　　右の写真は、1 部だけ手造りした本である。

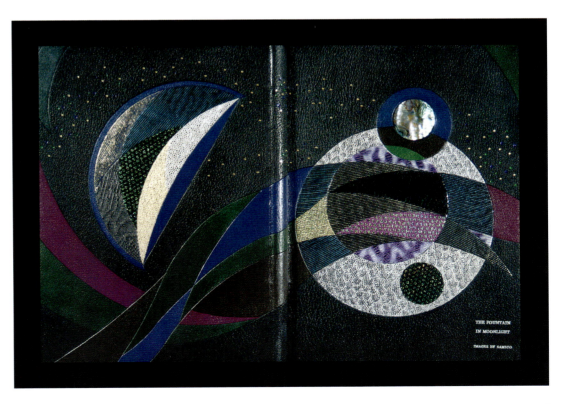

167

93. 『魅惑』

Charmes

著　者：ポール・ヴァレリー　Paul Valéry
発　行：パリ、限定本
表紙・総革装：紫のモロッコ革に、多様種の特殊革のオンレイ装飾
見返し：濃緑・ワインレッドの革
花　布：ピンク・紫・薄紫の３色の絹糸による手縢り
サイズ：33.0 × 25.5 × 2.5（㎝）
制作年：2000 年

内容とデザイン：著者は、フランスの詩人、作家、評論家。本書は変化に富んだ 21 の詩編からなる。
　表紙デザインは、10 番目の全 230 行に及ぶ長詩「デルフォイ巫女」をイメージした。

94. 『詩集と断章集』

The Poems and Fragments

著　者：サッフォー　Sappho
発　行：ジョージ・ラウトレッジ＆サンズ
　　　　George Routledge & Sons
　　　　E.P.バットン＆会社　E.P.Button & Co.、
　　　　ロンドン、ニューヨーク、1926年
表紙・総革装：紫のオアシス革に、多様種の特殊革のオンレイ装飾
見返し：ピンクの仔牛革
花　布：白・ピンク・紫の3色の絹糸による手縢り
小　口：三方金
サイズ：21.4 × 13.3 × 4.7（㎝）

制作年：2012年
内容とデザイン：古代から今日まで散文詩の史上、古代ギリシャの
　　　　サッフォー（紀元前7世紀末－紀元前6世紀初）を超える
　　　　女性詩人は現れず、プラトンをはじめヴェルレーヌ、ボー
　　　　ドレールなど数多くの人々が絶賛している。若い女性を主
　　　　題とした美麗で官能的な詩をレスボス島の方言で歌った『ア
　　　　フロディテ讃歌』は著名な詩集である。
　　　　　表紙デザインは、女神アフロディテをイメージした。

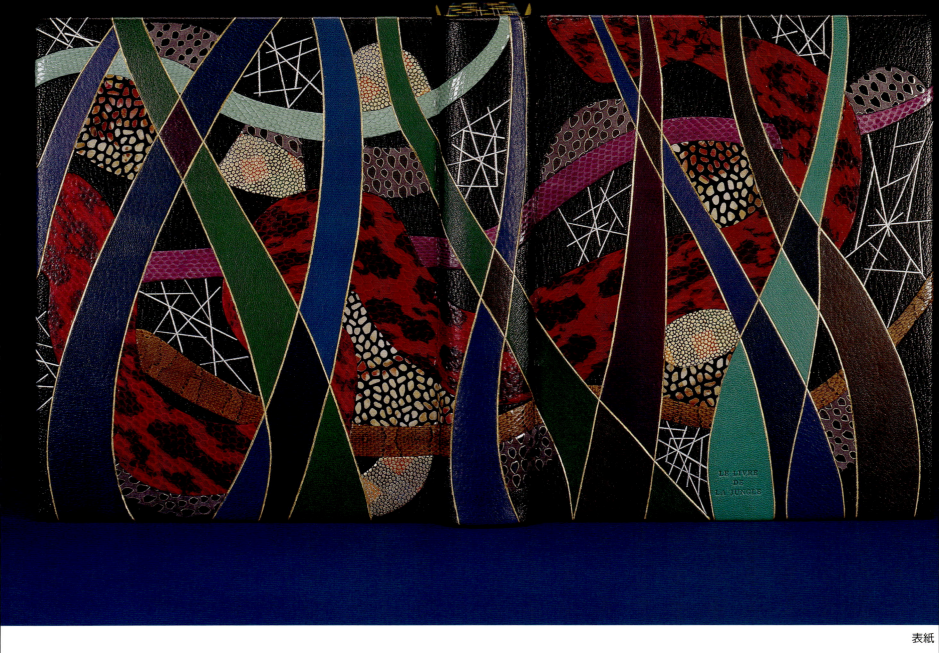

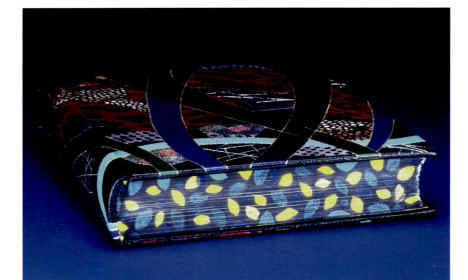

表紙と小口

95．『ジャングル・ブック』

Le Livre de la Jungle

著　者：ラドヤード・キップリング　Rudyard Kipling

挿　絵：ポール・ジューヴ　Paul Jouve

出版・木版彫：フランソワ＝ルイ・シュミード
　　　　　　　François-Louis Schmied

発　行：パリ、1919年、限定125部

表紙・総革装：濃緑のモロッコ革に、青・緑・濃紺などの革と特殊
　　　　　　　革のオンレイ装飾と金・プラチナ箔押し

見返し：濃緑の革に、多様種の革のオンレイ装飾と金箔押し

遊び紙：オーローグラフ

花　布：濃緑・緑・黄の3色の絹糸による手縢り

小　口：濃紺の色染めの地に多色の葉形をちりばめている

サイズ：35.6 × 25.4 × 6.0（㎝）

制作年 ： 1993 年
内容とデザイン：「狼によって育てられた少年モーグリの冒険」「カ
　　　　　　ーの狩猟」「白アザラシ」「リッキ・ティッキ・タヴィ」「象
　　　　　　のトーマス」など 15 の短編から成る小説で、動物文学の
　　　　　　傑作。世界中の少年少女に最も人気のある小説の一つ。
　　　　　　　表紙は「カーの狩猟」の一場面で、ジャングルの主パイ
　　　　　　ソン（ニシキヘビ）・カーをイメージした。
参　　照 ： p.115,116,117

96.　『わが半生』　夢とロマンと希望を胸に

My Early Life
Dreams, Romance and Desires of the Heart

著　者： 韓　昌祐　Han Chang-u
発　行： 京都・東京、株式会社マルハン、2007 年
表紙・総革装： ダークグレーのモロッコ革に、多様種の特殊革のオ
　　　　　　ンレイ装飾。メキシコ貝の象眼と青・緑・プラチナ箔押し
見返し： 緑・黄・赤の仔牛革
花　布： 黒・萌黄・モスグリーンの3色の絹糸による手縢り
小　口： 紺と紫の染め地
サイズ： 21.8 × 15.0 × 3.3（㎝）
制作年： 2007 年
デザイン： 著者の波瀾万丈の半生と将来への人生観をイメージした。
参　　照： p.97,190,203 に同名の本がある。

【解説 p.174】

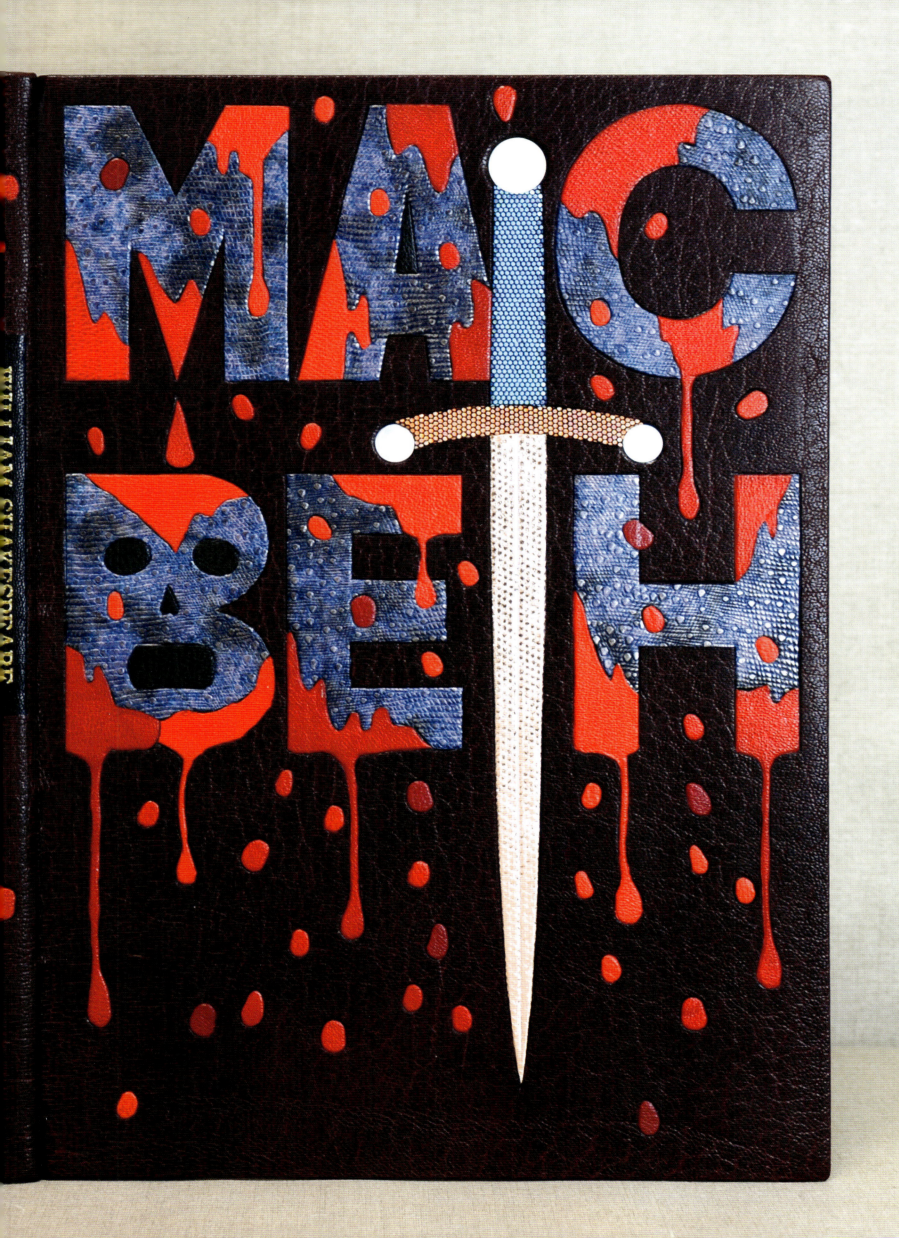

【p.172-173 解説】

97. 『マクベス』

Macbeth

著　者：ウィリアム・シェイクスピア　William Shakespeare
挿　絵：マリー・グラブホーン　Mary Grabhorn
発　行：サンフランシスコ、グラブホーン・プレス、
　　　　The Grabhorn Press、1952年、限定180部
表紙・総革装：オックスブラッドのモロッコ革に、多様種の革のオ
　　　　ンレイ装飾
見返し：赤・ワインレッドの仔牛革
花　布：赤・橙・深紅の3色の絹糸による手縢り
小　口：三方金／アンカット

サイズ：35.8 × 24.6 × 2.5（cm）　制作年：2010年
内容とデザイン：シェイクスピア四大悲劇の一つ。スコットランド
　　　王ダンカンが将軍マクベスの城に泊まるという伝令が入る。
　　　マクベスは深夜、短剣の幻を見る。幻に誘導され王の寝室
　　　に向かい、王を暗殺する。夫人はその血まみれの短剣を熟
　　　睡している見張りの兵士に握らせるという陰惨な内容から
　　　始まる。マクベスは黙示録啓示のもとに、英雄的恍惚感に
　　　陶酔する。
　　　　表紙デザインは、宙吊りの短剣と暗殺実行の陰惨さと真
　　　っ赤な血に染った罪深きマクベスをイメージした。

『人形』
ホリ・ヒロシ

写真
後 勝彦

【左頁】

98. 『おもてなし』 Omotenashi Hospitality

著　者：ゾマホン・ルフィン　Zomahoun Idossou Rufin
発　行：東京、2014年
表紙・総革装：緑のモロッコ革に、多様種の特殊革のオンレイ装飾。
　　　　　金・プラチナ箔押し
見返し：金・銀の特殊革と濃青・緑の仔牛革
花　布：特殊革
小　口：金染め地に青・緑の箔押し
サイズ：19.4 × 13.2 × 1.7（㎝）
制作年：2015年
デザイン：著者は、駐日ベナン共和国全権大使。タレントでもある。
　　　　　将来への夢と希望の実現をイメージした。

99. 『人形』

Dolls

著者・人形制作：ホリ・ヒロシ　Hiroshi Hori
写　真：後 勝彦　Katsuhiko Ushiro
発　行：東京、有楽出版社、1990年
表紙・総革装：紫のオアシス革に、赤・青・緑の革と多様種の革の装飾
見返し：仔牛革
遊び紙：紫の地に金の雲形と煌めきの和紙
花　布：白・赤・紫の3色の絹糸による手縢り
サイズ：36.8 × 25.5 × 2.6（㎝）
制作年：2000年
デザイン：人形の着物の布地の動きをイメージした。

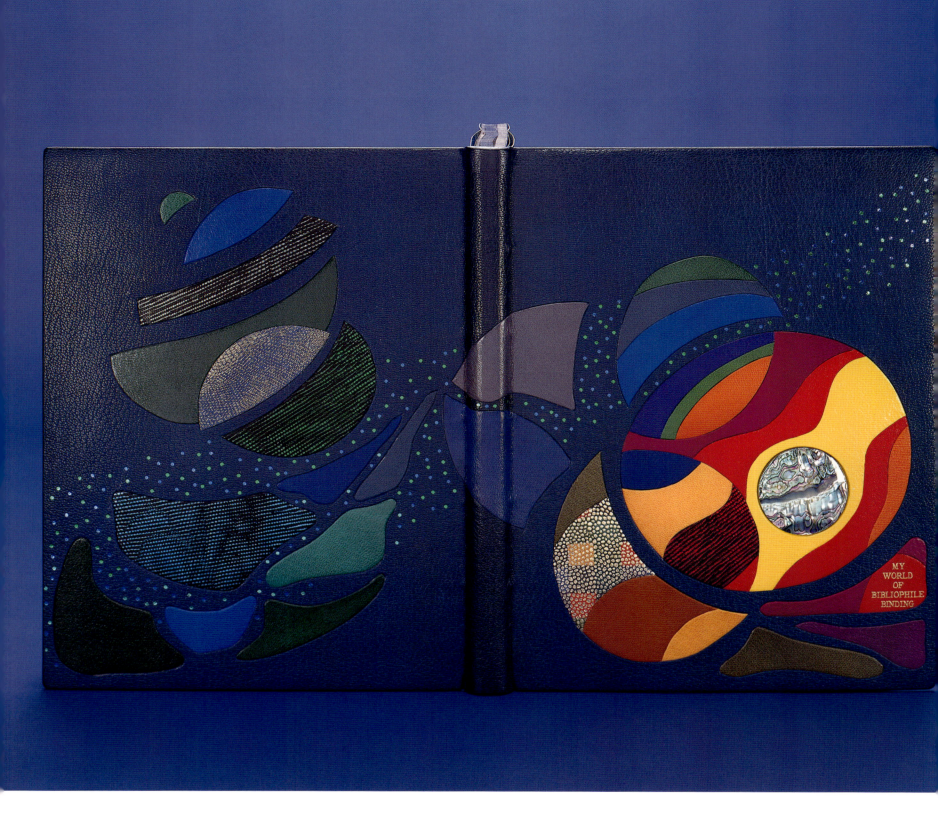

100. 『私の製本装幀芸術の世界』

My World of Bibliophile Binding　　English Edition

著　者：ティニ・ミウラ　Tini Miura

発　行：カリフォルニア大学出版局、1984 年

表紙・総革装：濃紺のモロッコ革に、青・赤・緑・グレー・茶など
　　　　　　　の革と特殊革のオンレイ装飾。青・緑の箔押しと丸いメキ
　　　　　　　シコ貝の象眼

見返し：緑・濃紺の子牛革

花　布：薄緑・青・濃紺の3色の絹糸による手縢り

小　口：三方金

サイズ：34.0 × 25.0 × 2.8（㎝）

制作年：1995 年

内容とデザイン：この本は、ティニ・ミウラの最初に出版された作
　　　　　　品集で、98 点の手造りの製本装幀本が紹介されている。
　　　　　表紙デザインは、読書を通じて得られる無限の知識をイ

　　　　　メージした。上の写真は、この本を制作するティニ・ミウラ。

参　照：p.142 に同名の本がある。

101. 『巨椋池の蓮』
<ruby>巨椋池<rt>おぐらいけ</rt></ruby>の<ruby>蓮<rt>はす</rt></ruby>

Lotus Flowers of the Ogura Pond

著　者：内田又夫　Matao Uchida
発　行：東京、アトリエ・ミウラ、2006年、
　　　　限定10部。上製本は西田書店から出
　　　　版された
表紙・総革装：赤のモロッコ革に、特殊革のオ
　　　　ンレイ装飾と金・プラチナ箔押し
見返し：5種類のオリジナル・マーブル・ペー
　　　　パーと金箔押し
花　布：赤の特殊革
小　口：黄の色染め
サイズ：21.8 × 14.9 × 1.9（㎝）
制作年：2006年
デザイン：聖蓮三浦功大が著者（1992-2005）

を評して、「京都の巨椋池で蓮の花の育
成、改良、研究に一生をささげ、花蓮を
一番愛した男」と書いている。
　表紙デザインは、浄土の世界の蓮の花
弁を両面に、背景に宇宙の銀河を配して
著者の思いをイメージした。

＊右の写真は、「巨椋の炎」という蓮である。
『世界の花蓮図鑑』（勉誠出版、2012
年参照）。

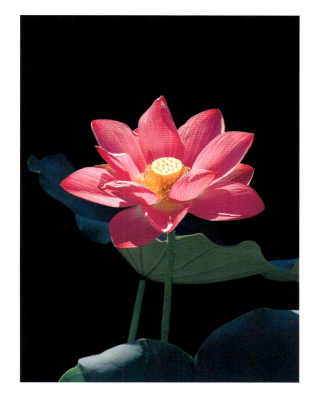

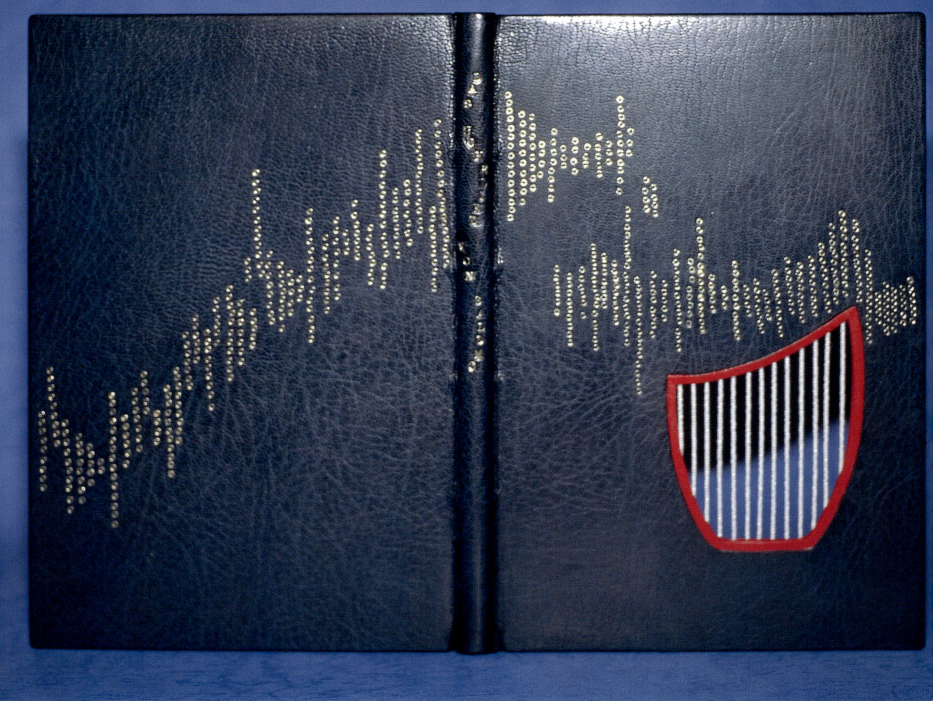

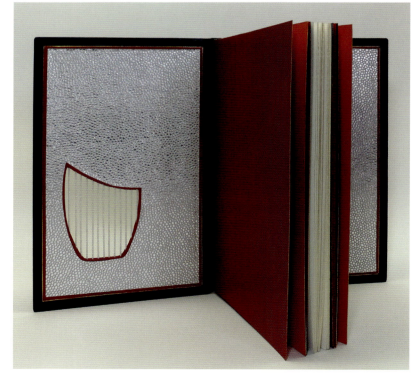

見返し

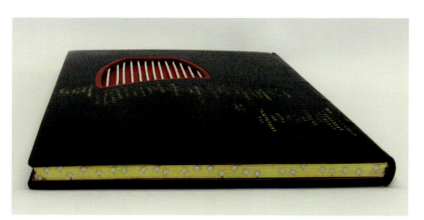

小口（天）の装飾

102. 『雅歌』 旧約聖書の一書
Das Hohelied von Salomo（Old Testament）

発　行：スイス、2003年
表紙・総革装：ミッドナイトブルーのモロッコ革に、赤の革のオン
　　　　　レイ装飾と真珠色のビーズ。金箔押し
見返し：赤のモロッコ革と特殊革のオンレイ装飾。金箔押し

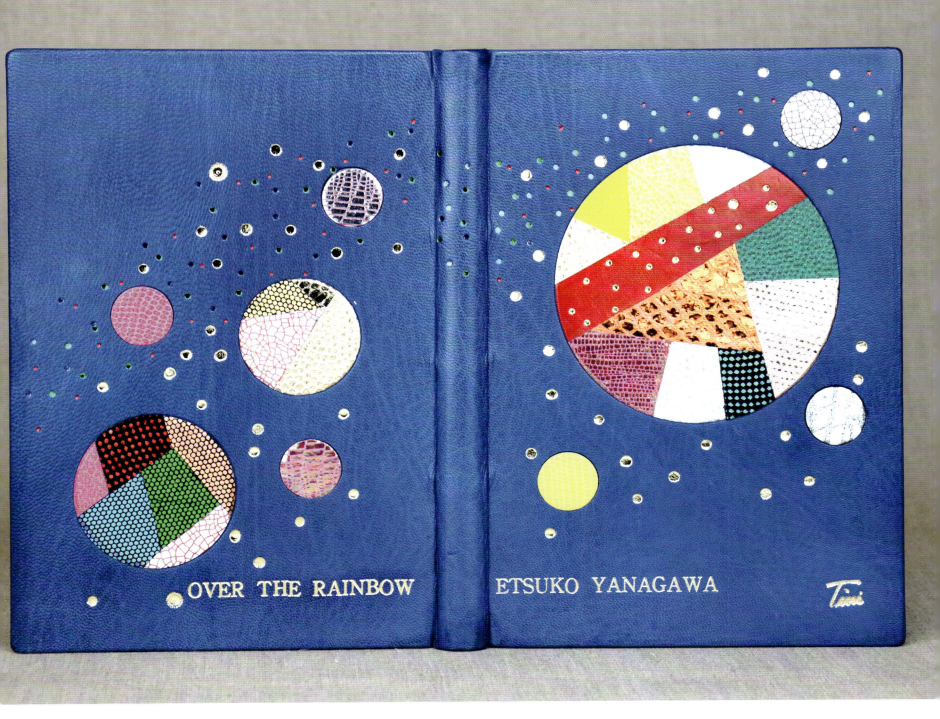

【前頁から続く】

　遊び紙　：　オーローグラフ

　花　布　：　濃紺・薄ピンク・薄グレーの3色の絹糸による手縢り

　小　口　：　三方金、さらに天にプラチナ箔押し

　本のサイズ：　23.9 × 15.8 × 1.4（cm）

　函のサイズ：　27.0 × 18.2 × 3.4（cm）

　制作年　：　2003 年

　デザイン：　竪琴の形に切り抜いた部分に細いピアノ線に白のビーズ
　　　　　　　を通している。愛し合う若い男女が奏でる竪琴に合わせて、
　　　　　　　神を讃美する歌をイメージした。

103. 『虹の彼方へ』

Over the Rainbow

　著　者　：　柳川悦子　Etsuko Yanagawa

　発　行　：　東京、2014 年

　表紙・総革装：　青のモロッコ革に、多様種の革のオンレイ装飾と青・
　　　　　　　　　赤・緑・金箔押し

　見返し　：　金と銀の特殊革と濃紺の仔牛革

　花　布　：　特殊革

　小　口　：　天／金泥に青・緑の箔押し

　サイズ　：　19.4 × 13.0 × 1.7（cm）

　制作年　：　2014 年

　デザイン：　夢を追い求め続ける人生が虹の彼方に存在することをイ
　　　　　　　メージした。

『現代の幸福』　Le Bonheur du Jour

本の表紙

見返しの拡大図

見返しの拡大図

丸背夫婦函

104. 『現代の幸福』

Le Bonheur du Jour

著者と挿絵 ： ジョルジュ・バルビエ　George Barbier
発　行 ： パリ、1924 年、限定 300 部
表紙・総革装 ： 濃紺のモロッコ革に、黒・茶・薄ベージュ・オレンジなどの革のオンレイ装飾と金箔押し
見返し ： ピンクのウルトラ・スウェードに、緑・茶・オレンジの革のオンレイ装飾と金箔押し
花　布 ： オレンジ・茶・青の 3 色の絹糸による手縢り
小　口 ： 三方／アンカット
本のサイズ ： 32.0 × 46.5 × 2.2（㎝）
丸背夫婦函 ： 茶・緑のオアシス革にグレー・白・ベージュの革のオンレイ装飾とプラチナ箔押し。茶のフェルト
函のサイズ ： 34.9 × 49.0 × 4.3（㎝）
制作年 ： 2013 年

内　容 ： 著者バルビエ（1882−1932）は、フランスの 20 世紀を代表するイラストレーター。ジャポニズムやシノワズリの影響を受けた華麗な絵で知られる。

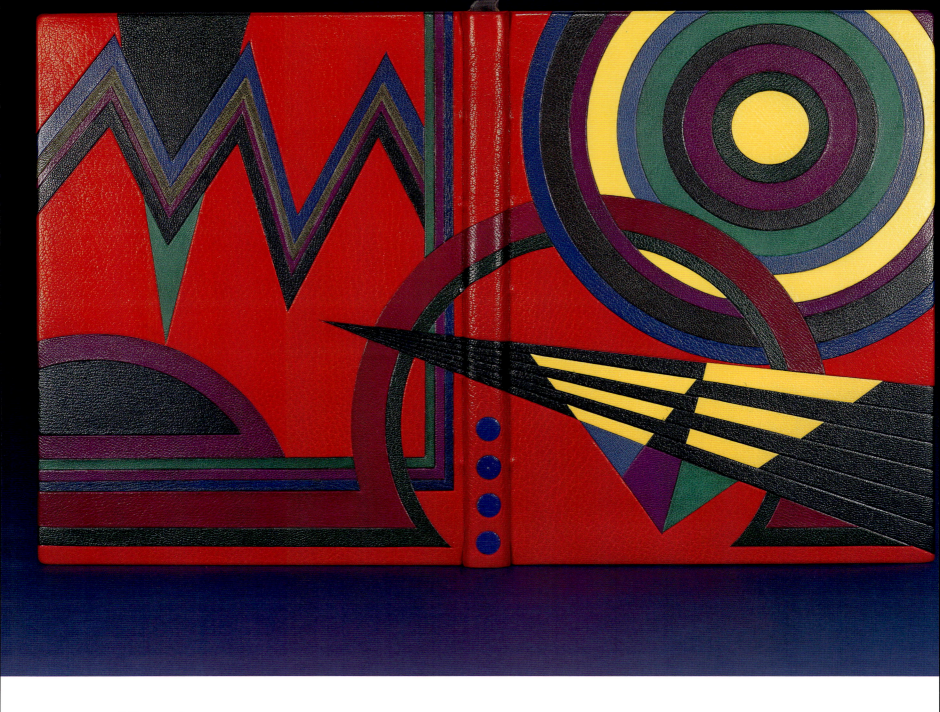

105. 『美しい本』

Beautiful Books

著　者：ティニ・ミウラ　Tini Miura
発　行：東京、求龍堂、1993 年
表紙・総革装：赤のモロッコ革に、紫・赤紫・緑・青・黄などの革
　　　　　のオンレイ装飾
見返し：赤の仔牛革に、多様種の革のオンレイ装飾
花　布：グレー・黄・薄グレーの３色の絹糸による手縢り
小　口：三方金
サイズ：30.4 × 21.3 × 2.1（㎝）
制作年：1993 年

内容とデザイン：手造りの本の 50 にも及ぶ制作工程を約 150 点
　　　　の写真と図版で解説した本で、手造りの本 23 点を紹介。
　　　　　表紙デザインは、幾何学模様を駆使して、自然と現代文
　　　　明の融合を表している。

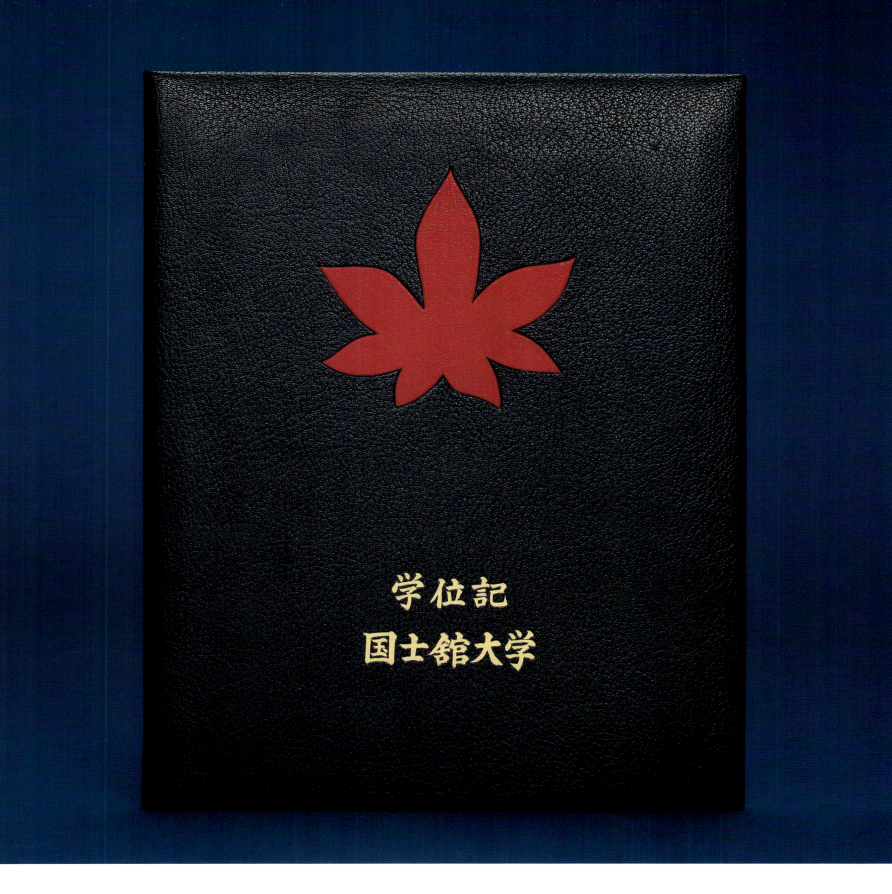

106. 『国士舘大学 学位記　名誉博士号 賞状』

Kokushikan University
Diploma of Honorary Doctor Degree

発　行：東京、国士舘大学、2002 年
表紙・総革装・二つ折り：黒のモロッコ革に、赤の革と金箔
　　　　押し
内　側：左／オーローグラフに白の革のミックス・メディア
　　　　右／和紙三椏局紙
サイズ：36.0 × 28.0 × 2.3（㎝）
デザイン：賞状の上方に大学の校章である楓をデザイン化
　　　　して、下方に国士舘大学学位記の文字を金箔押し。

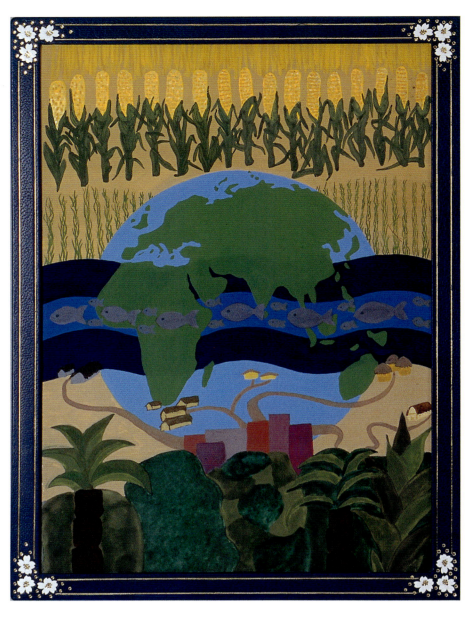

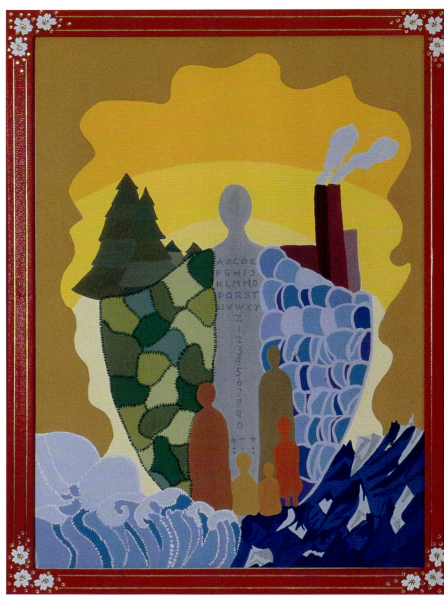

107. 『世界市民人道賞 賞状』

Diploma of Global Citizen Award

『世界市民人道賞』は、1995年にボストン21世紀センターが第二次世界大戦50周年、国連創設50周年を記念して始まった。世界市民の育成は真の平和社会を建設することを目的に、1995年から1999年までの5年間に毎年2人の受賞者が選ばれ、受賞には賞状、賞金、金メダルが授与された。賞状は全て二つ折りの総革装で、内側左にティニの手描きの絵、右に手書きの文字がある。残念ながらセンターは受賞者の名前を公表することを不許可のため、この紙面に内容は表示できません。

絵のサイズは 33.0 × 25.0（㎝）、表紙のサイズは 36.0 × 28.0（㎝）。

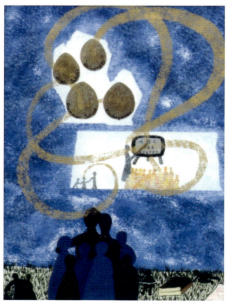

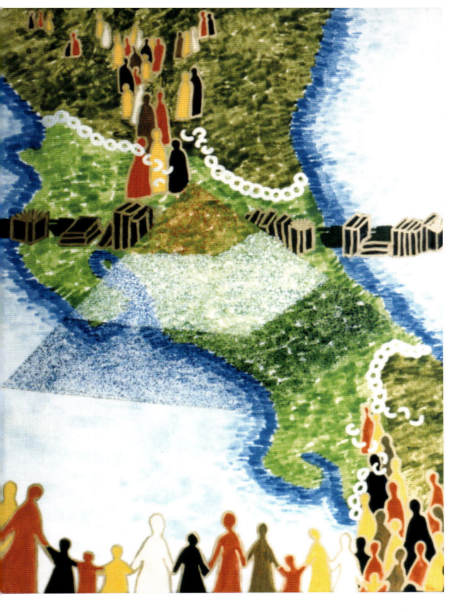

2003年　金賞　賞状

2003年　銀賞　賞状

上の写真は、2003年10月3日　国立京都国際会館にて、第6回『ロレアル色の科学と芸術賞』受賞式の模様。後列右から選考委員会のメンバー

小林康夫	東京大学総合文化研究科教授（表象文化論）
高階秀爾（委員長）	大原美術館館長、東京大学名誉教授（美術史）
河本哲三	ロレアル・アーツ・アンド・サイエンス・ファンデーション理事長
黒田玲子	東京大学総合文化研究科教授（生物物理化学）
永山國昭	岡崎国立共同研究機構生理学研究所教授（生物物理学・生体計測学）
ジャン＝ピエール・ビブリン	フランス　宇宙天文物理学研究所教授（天文物理学）

その他の選考委員

マーティン・ケンプ	英国　オックスフォード大学美術史学部教授（美術史）
リチャード・R. エルンスト	スイス　チューリッヒ連邦工科大学物理化学研究室教授（物理化学）1991年ノーベル化学賞受賞
イリア・プリゴジン	ベルギー　ブリッセル自由大学名誉教授（散逸構造論）1977年ノーベル化学賞受賞

前列右から受賞者

銅賞　ドミニク・カルドン	フランス	「Orchid Requiem」
金賞　松村泰三	日本	「Surface」
銀賞　ジャニス・ティーケン	アメリカ	「Le Monde des Teinturelles／The World of Natural Dyes」

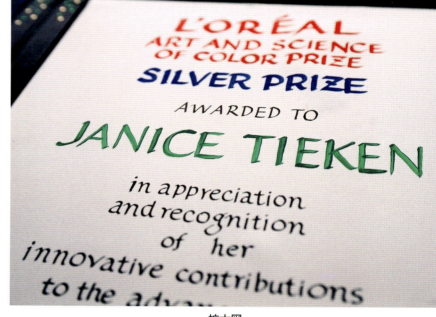

拡大図

拡大図

2003 年　銅賞 賞状

2005 年　金賞 賞状

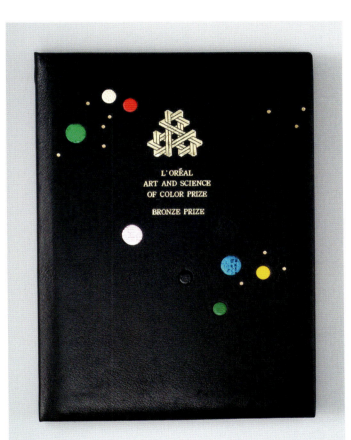

108. 『ロレアル 色の科学と芸術賞 賞状』

L'Oreal Prize Diploma ： Art and Science of Color

主　催：ロレアル・アーツ・アンド・サイエンス・ファンデーション

　ロレアルは、パリに近い人口約 6 万人のクリシー市に本社を置く世界最大の化粧品会社である。1997 年に L'Oreal Art & Science Foundation が設立され、東京・代々木に本部が置かれた。河本哲三理事長、渡辺幸子事務長のもと、科学と芸術の創造的な出合いを積極的に推進していくことを目的として、普遍的な法則を発見しようとする科学と、個人の表現世界の特異性を大事にする芸術は相反するが、両者の間に多様な対話や出合いの可能性がある限り、芸術と科学は互いに新しい次元の世界を創成することが可能である、というのがテーマ。各分野で活躍する一流の講師を招いての講演、ワークショップ、ロレアル賞授与式などが東京デザインセンター、国立京都国際会館、京都造形大学をはじめ全国各地で開催され、参加者総数約 1 万人を数えた。

　「ロレアル　色の科学と芸術賞」は、色をテーマに科学と芸術の新鮮でオリジナルな出合いを実現した仕事に対する賞（「金賞」（約 400 万円）、「銀賞」（約 270 万円）、「銅賞」（約 130 万円）、「奨励賞（河本賞）」）で、第 1 回「ロレアル賞」（「大賞」「奨励賞」）は 1997 年に実施され、第 3 回から国際賞に募集を拡大、第 4 回から「ロレアル　色の科学と芸術賞」と改称した。

　選考委員には高階秀爾（大原美術館館長、東京大学名誉教授）、アラン・アスペ（パリ大学教授）、R.R. エルンスト（チューリッヒ連邦大学教授、1991 年ノーベル化学賞受賞）、M.S. リビングストン（ハーバード大学教授）、小林康夫（東京大学教授）、永山國昭（岡崎国立共同研究機構教授）などであった。第 9 回（2006 年）までに約 45 名がこの「ロレアル賞」を受賞した。ちなみに第 9 回は日本及び海外から 226 件の応募があり、最終選考はイタリアのパヴィアで行なわれ、北岡明佳立命館大学教授が錯視絵画で金賞を受賞した。

2005 年　金賞 賞状

2005 年　銀賞 賞状

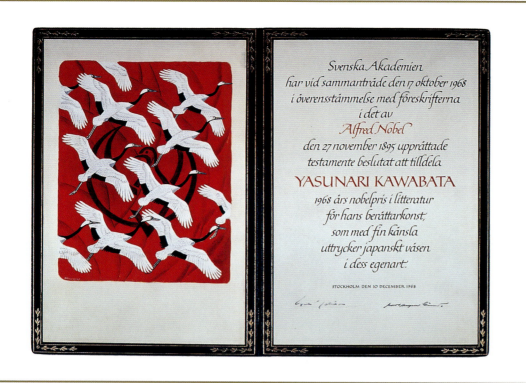

ノーベル文学賞　賞状
1968 年
川端康成受賞

ノーベル文学賞　賞状
1967 年
ミゲル・アンヘル・アストゥリアス受賞

賞状の表紙のエンブレム　箔押しデザイン

109.『ノーベル賞　賞状』

Nobel Prize Diploma

　製本装幀家として最高の名誉であるノーベル賞賞状の制作をノーベル財団から依頼を受け 1963 年から行なっている。賞状のデザインは全て異なり、しかも手造りの革表紙で、我が国の受賞者川端康成（1968 年、文学賞）、ロシアのミハイル・ショロホフ（1965 年、文学賞）、グアテマラのミゲル・アンヘル・アストゥリアス（1967 年、文学賞）の賞状もティニの手によるものである。

　このノーベル賞はスウェーデンの化学者で企業家であり、ダイナマイトの発明家として知られるアルフレッド・ノーベルの遺言で、「人類の福祉に最も具体的に貢献した人々」に与えられる最も権威のある賞

である。授賞式はスウェーデンの首都ストックホルムのコンサート・ホールで、ノーベルの命日の同時刻である 12 月 10 日午後 4 時 30 分から行なわれる。受賞者にはスウェーデン国王から賞状と金メダルが贈られる。平和賞は同日にノルウェーの首都オスロで行なわれる。賞金は式の翌日渡されるが、同一部門で複数受賞者の場合は分割される。受賞者は記念講演を行なう義務があり、通常は授賞式の数日後に行なう。

　日本の受賞者は、物理学賞の湯川秀樹を始め江崎玲於奈、化学賞の福井謙一、田中耕一、生理学医学賞の利根川進、山中伸弥、大村智、平和賞の佐藤栄作など 24 人を数える。

110. 『紫式部家集』

Waka Poetry by Murasaki Shikibu

表紙・総革装：ベージュのモロッコ革に、白・紫などの革のオンレ
　　　　　　　イ装飾と金・プラチナ箔押し

見返し：自作のオーローグラフ

花　布：薄藤紫・薄黄緑・グレーの3色の絹糸による手縢り

サイズ：37.5 × 27.5 × 1.2（㎝）

制作年：2001 年

デザイン：紫式部和歌 126 首を収録した歌集で、その中の第 43 首、
　　　　　散る花を嘆きしひとはこのもとの
　　　　　　　淋しきことやかねて知りけむ
　　　　　をイメージした。

111.『わが半生』
夢とロマンと希望を胸に

My Early Life
Dreams, Romance and Desires of the Heart

著　者： 韓　昌祐　Han Chang-u
発　行： 京都・東京、株式会社マルハン、2007年
表紙・総革装： ダークグレーのモロッコ革に、多様種の特殊革のオ
　　　　　　 ンレイ装飾。メキシコ貝の象眼と青・緑・プラチナの箔押し
見返し： 緑・黄・赤の仔牛革
花　布： 黒・萌黄・モスグリーンの3色の絹糸による手縢り
小　口： 紺・紫の染め地
サイズ： 21.8 × 15.0 × 3.3（㎝）

制作年： 2007年
デザイン： 著者の波瀾万丈の半生と将来への人生観をイメージした。
参　照： p. 97, 171, 203 に同名の本がある。

112. 『凍り付いた音楽』

Frozen Music

著　者：ジル・ガルセッティ　Gil Garcetti
発　行：カリフォルニア、2003年、限定本
表紙・総革装：ミッドナイトブルーのモロッコ革に、多様種の革の
　　　　　　　オンレイ装飾と金箔押し
見返し：オーローグラフ
花　布：紫・薄グレー・青の3色の絹糸による手縢り
小　口：天／黒鉛
サイズ：34.6 × 38.7 × 2.5（cm）
制作年：2011年

内容とデザイン：著者は元ロスアンゼルス地区検事長で、現在は弁
　護士として活躍する名士。本書は世界的に有名な建築家フ
　ランク・ゲーリーが設計したディズニー・コンサート・ホー
　ルの流れるようで神秘的な鋼鉄の建造物を、魅惑的にと
　らえた写真エッセイ集。
　　表紙デザインは、建築家と写真家が誘発する情熱を表した。

113. 『イスラム教の天国』　丸背夫婦函

Le Paradis Musulman（Solander Case）

仏　訳： ドクトル・ジョセフ＝シャルル・マドリュース
　　　　 Dr. Joseph-Charles Mardrus
発　行： パリ、1930 年、限定 175 部
　　　　 フランソワ＝ルイ・シュミード
　　　　 François-Lous Schmied
挿　絵： フランソワ＝ルイ・シュミード
　　　　 François-Lous Schmied

夫婦函・総革装： 濃茶のモロッコ革に、白・茶・緑・灰・紺などの
　　　　　　　　革のオンレイ装飾と金箔押し
サイズ： 34.3 × 25.3 × 3.5（㎝）
制作年： 2014 年

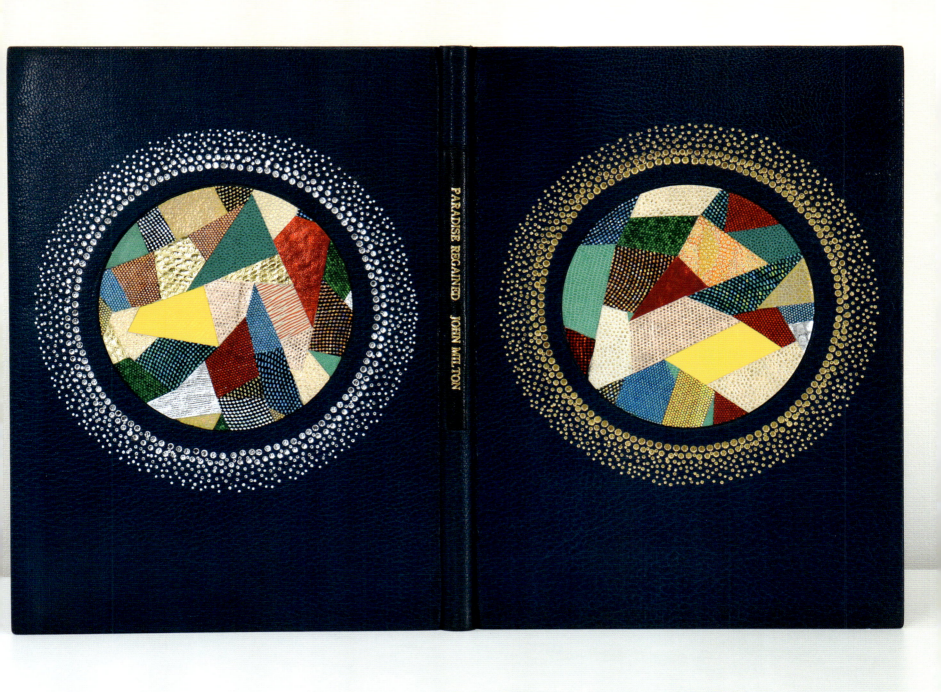

114. 『復楽園』

Paradise Regained

著　者：ジョン・ミルトン　John Milton
発　行：ロンドン、クレセット・プレス、
　　　　The Cresset Press、1931 年
表紙・総革装：濃紺のモロッコ革に、多様種の革のオンレイ装飾
　　　　プラチナ箔と金箔押し
見返し：赤の仔牛革
遊び紙：オーローグラフ
花　布：白・紺・灰の３色の絹糸による手縢り
小　口：三方金、天／カット
　　　　　　　前小口と地／アンカット

サイズ：36.4 × 25.8 × 2.2（㎝）
内容とデザイン：著者（1608−1674）は、イギリスの詩人。代表
　　　　作に『失楽園』がある。ルネッサンス期のダンテ『神曲』
　　　　と並ぶ長編叙事詩の名作。『復楽園』は『失楽園』の続編。
　　　　　表紙デザインは、キリストがサタンの誘惑に打ち勝ち、
　　　　アダムとイヴによって失われた楽園の回復をもたらす場面
　　　　をイメージした。

115. 『シャーロット夫人』 The Lady of Charlott

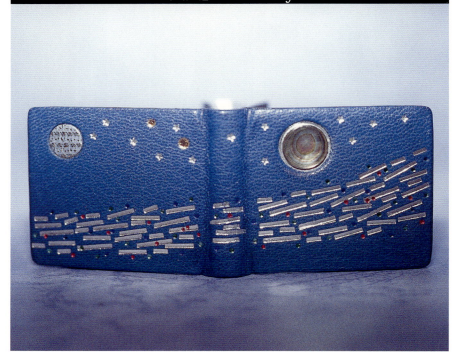

著　者：アルフレッド・テニソン　Alfred Tennyson
発　行：米国、オハイオ、ウィンド＆ハーロット、1992年、限定27部
表紙・総革装：青のモロッコ革に、特殊革のオンレイ装飾とメキシコ貝の象眼
　　　　金・プラチナ・赤・緑・青の箔押し
見返し：黒のモロッコ革に、プラチナ・青・緑の箔押し
花　布：青・白の2色の絹糸による手縢り
小　口：天／プラチナ地に青の箔押し
サイズ：4.5 × 4.0 × 1.1（㎝）
夫婦函：背は青のモロッコ革、平はオーローグラフ、内側は黒の革を使用
制作年：1995年

116. 『エルテ画集』 Erté Maquettes

発　行：ボストン、1984年
表紙・総革装：緑のモロッコ革に、赤・青・緑・紫・黄などの革のオンレイ
　　　　装飾
見返し：紫のシャグラン革に、金箔押し
花　布：ライラック・紫の2色の絹糸による手縢り
小　口：天／青緑の地色に、金箔押し
　　　　前小口、地／金
サイズ：7.1 × 5.3 × 1.3（㎝）
夫婦函：背はピンクのモロッコ革、平はオーローグラフ、内側はスウェード
　　　　を使用

117. 『ソネットと詩』 Sonnets and a few Poems

著　者：エドナ・セイント・ヴィンセント・ミレイ　Edna St. Vincent Millay
発　行：米国、メリーランド、1982年、
　　　　レベッカ・プレス、Rebecca Press、限定500部
表紙・総革装：レモンイエローのモロッコ革に、緑・青のオンレイ装飾と金
　　　　箔押し
見返し：赤の革に、金箔押し
花　布：赤・薄黄の2色の絹糸による手縢り
小　口：天／マルチ装飾
サイズ：7.2 × 4.9 × 1.3（㎝）
制作年：2000年

118. 『祈りはヴァイリマで書かれた』 Prayers written at Vailima

著　者：ロバート・ルイス・スティーヴンソン
　　　　Robert Louis Stevenson
発　行：ロスアンゼルス、ドウソンズ・ブック・ショップ、
　　　　1973年、限定30部
表紙・総革装：紫のモロッコ革に、特殊革と青・緑・ピンクの箔押し
見返し：赤の革に金箔押し
花　布：2色の絹糸による手縢り
小　口：三方金
サイズ：5.6 × 4.5 × 1.2（㎝）
制作年：1995年

119. 『蓮花と月花』 Lotus Blossoms & Moon Flowers

著　者：キャロル・カニングハム　Carol Cunningham
発　行：カリフォルニア、1981 年、限定 100 部
表紙・総革装：黒のモロッコ革に、赤・黒の革のオンレイ装飾と金・プラチナ箔押し
見返し：赤の仔牛革
花　布：赤・黒・緑の 3 色の絹糸による手縢り
小　口：天／緑の色染めの地に、プラチナ箔押し
サイズ：5.3 × 6.3 × 1.1（㎝）
夫婦函：背はマスタード色のモロッコ革、平はオーローグラフ、内側は黒のフェルトを使用
制作年：1994 年

120. 『12 か月』 The Twelve Months

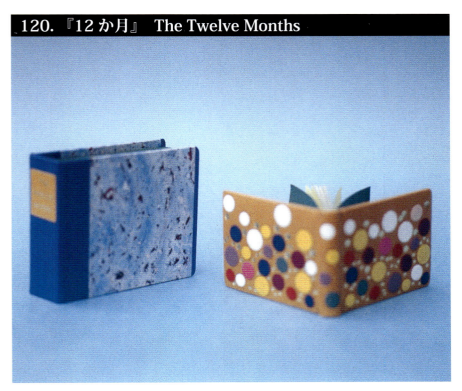

著　者：B. H.
発　行：オランダ、キャサリーン・プレス、1990 年、限定 150 部
表紙・総革装：黄色のモロッコ革に、白・橙・茶などの革のオンレイ装飾
見返し：緑のシャグラン革
花　布：緑・濃緑・黄の 3 色の絹糸による手縢り
小　口：天金
サイズ：4.7 × 6.0 × 0.9（㎝）
制作年：2005 年

121. 『愛の質問』 A Question of Love

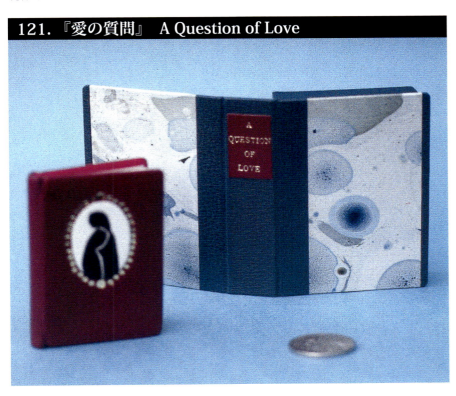

著　者：クリストファー・マーロウ　Christopher Marlowe
発　行：米国、オハイオ、ウィンド＆ハーロト・プレス、
　　　　1990 年、限定 27 部
表紙・総革装：濃オックスブラッドのモロッコ革に、黒・白の革のオンレイ
　　　　装飾とプラチナ箔押し
見返し：ピンクの仔牛革
サイズ：6.2 × 4.1 × 0.8（㎝）
夫婦函：背は紺のモロッコ革、平はオーローグラフ、内側はオックスブラッ
　　　　ドのフェルトを使用
制作年：2002 年

122. 『本の表紙でその内容がわかる』You can Judge a Book by its Cover

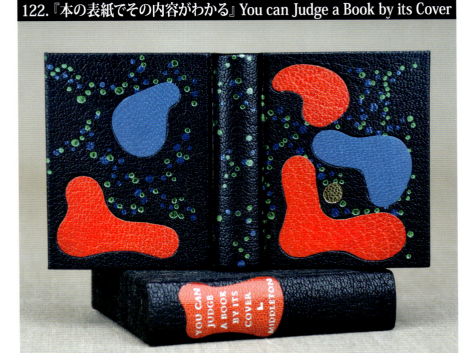

＊この本は、世界の印刷・美術・製本装幀・出版などで活躍する芸術家9人
　が集まって作ったものである。制作出版はケーター＝クラフト製本所。
著　者：バーナード・C. ミドルトン　Bernard C. Middleton
発　行：カリフォルニア、1994 年、限定 400 部
表紙・総革装：モロッコ革に赤・青の革のオンレイ装飾と青・緑の箔押し
見返し：マーブル・ペーパー
花　布：青の革
小　口：天金に青・緑の箔押し
サイズ：7.4 × 5.6 × 1.5（㎝）
＊この他に、ティニの手造りの製本装幀本 1 部が制作されている。

本の表紙とステージ

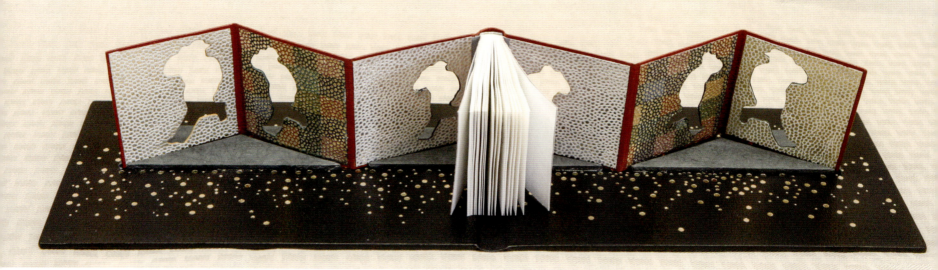

本の見返しとステージ

左右とも本の表紙、シミーズ、夫婦函とステージ

123. 豆本 『あなたのシェイクスピアを磨きなさい』

コール・ポーターの歌版

Brush up your Shakespeare

発　行：米国、2009 年

表紙・総革装：6 枚の赤のモロッコ革に、多様種の革のオンレイ装飾

見返し：6 枚の革に多様種の革のオンレイ装飾

花　布：赤の革

シミーズ：紫の山羊革、マグネット付き

サイズ：8.0 × 10.5 × 2.2（㎝）

内容とデザイン：コール・ポーター（1891−1964）は、アメリカ
　　　の作詞・作曲家。ミュージカル『キス・ミー・ケイト』、映
　　　画『上流社会』などの代表作がある。表紙デザインは、ス
　　　テージ上のコール・ポーターをイメージした。

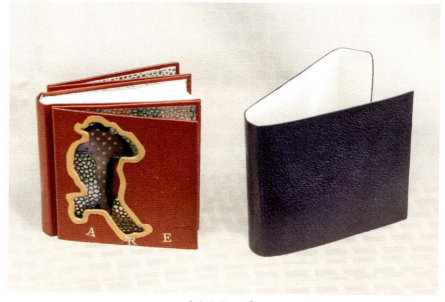

本とシミーズ

ティニがデザインした本
Books designed by Tini Miura

75.『シャルル・ドルレアン詩集』を制作するティニ・ミウラ（p.140〜142, 216 参照）

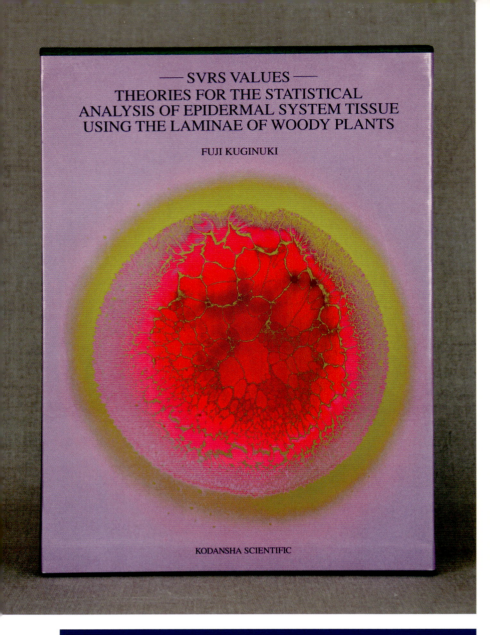

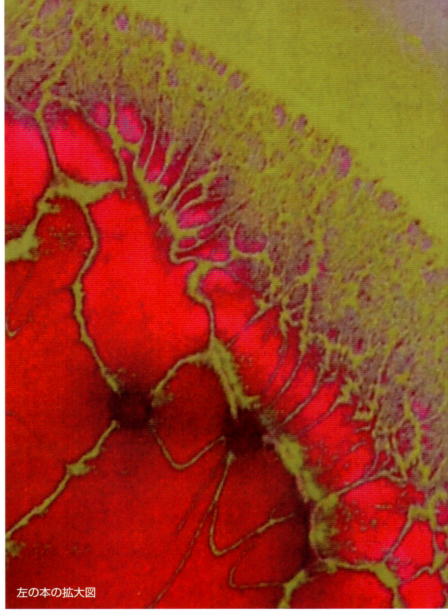

左の本の拡大図

124. 『木本植物の葉身を用いた表皮系組織の統計解析理論』
SVRS Values–Theories for the Statistical Analysis of Epidermal System Tissue Using the Laminae of Woody Plants

著　者：釘貫ふじ　Fuji Kuginuki
発　行：東京、講談社サイエンティフィク、2000 年
表　紙：綿布装、上製本、ジャケット
サイズ：30.2 × 20.8 × 1.8（㎝）
函のサイズ：30.9 × 22.1 × 2.6（㎝）
デザイン：緑色の綿布の表紙に植物の細胞の断面図を空押しし、ジ
　　　　　ャケットは植物の細胞膜をイメージした。
参　照：p. 81 に同名の本がある。

125. 『生命と物質』生物物理学入門
Life and Matter An Introduction to Biophysics

著　者：永山國昭　Kuniaki Nagayama
発　行：東京、東京大学出版会、1999 年
表　紙：ペーパーバック、ジャケット
サイズ：21.0 × 14.8 × 1.2（㎝）
内容とデザイン：著者は東京大学教授、岡崎国立共同研究機構教授
　　　　　などを歴任。本書は「生命と構造」「タンパク質構造の熱力学」
　　　　　など 6 章からなる入門書。
　　　　　　表紙は「生物の構造は三つの特異構造に支えられている」
　　　　　ことをイメージした。

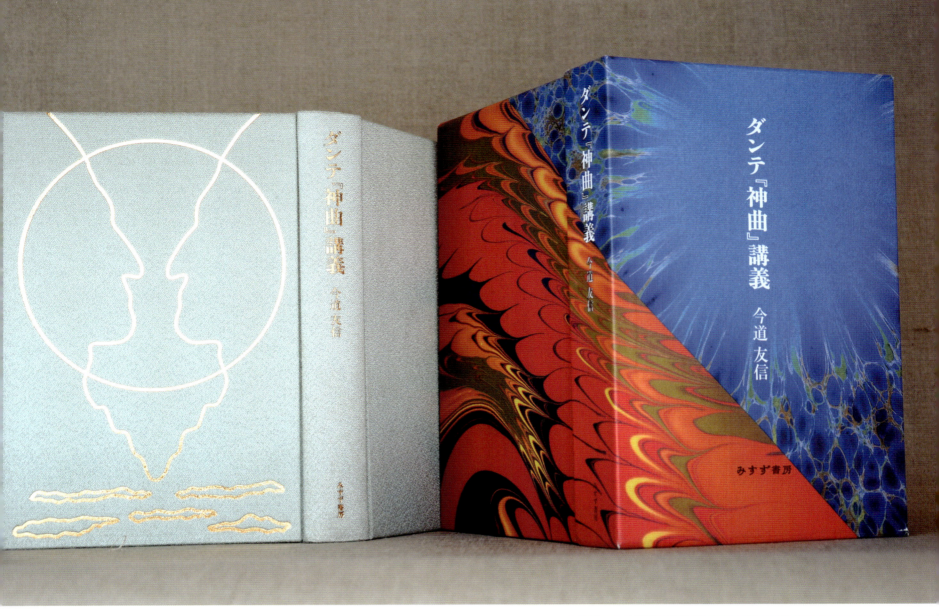

126. ダンテ『神曲』講義
Dante "La Devina Commedia" Lectures

著　者：今道友信　Tomonobu Imamichi
発　行：東京、みすず書房、2002 年
表　紙：綿布装、上製本
本のサイズ：22.5 × 14.6 × 3.5（㎝）
函のサイズ：23.3 × 16.1 × 4.1（㎝）
内容とデザイン：著者（1922−2012）は、美学及び中世哲学研
　　　　　究の第一人者。東京大学教授。エンゼル財団主催の 15
　　　　　回にわたるダンテ『神曲』講義と質疑応答をまとめた大作。
　　　　　　表紙デザインは、薄緑の綿布に中央に天国の円、左右
　　　　　対称にダンテの横顔、下方に雲などを金箔押しし、函は
　　　　　地獄と天国を表しているグラフィックを使用。
参　照：p.122〜124 に同名の本がある。

127.『多種文化の挑戦』
The Multicultural Challenge

著　者：イングリッド・アール　Ingrid Aall
発　行：ケンタッキー、2011 年
表　紙：ペーパーバック
サイズ：22.9 × 15.2 × 1.2（㎝）
制作年：2009 年
内容とデザイン：サブタイトルは「地球時代の複製のための視覚
　　　　　教養の手引き」。いろいろな民族の文化の比較論。
　　　　　　表紙デザインは、伝統的な多種文化を抽象的に表した。

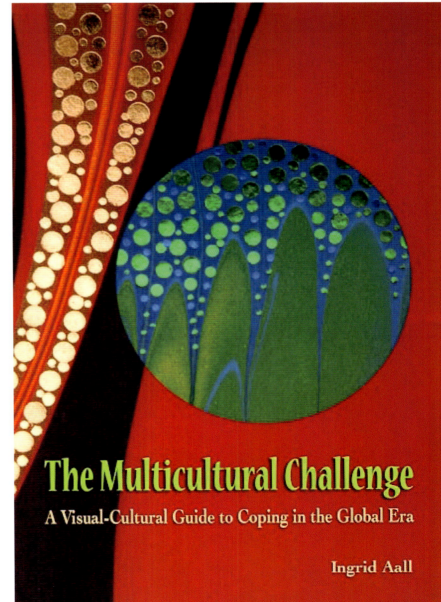

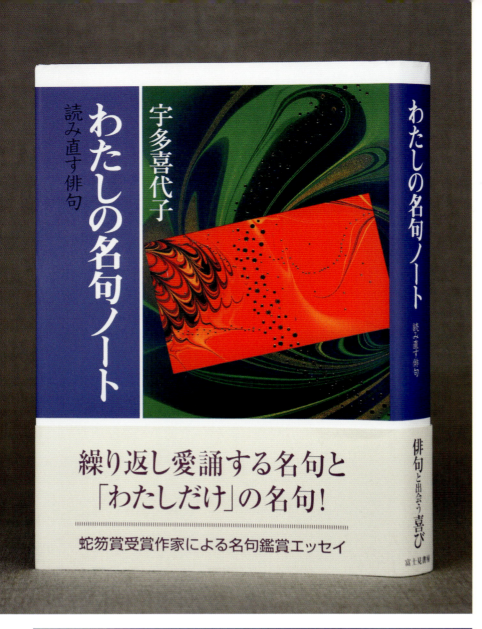

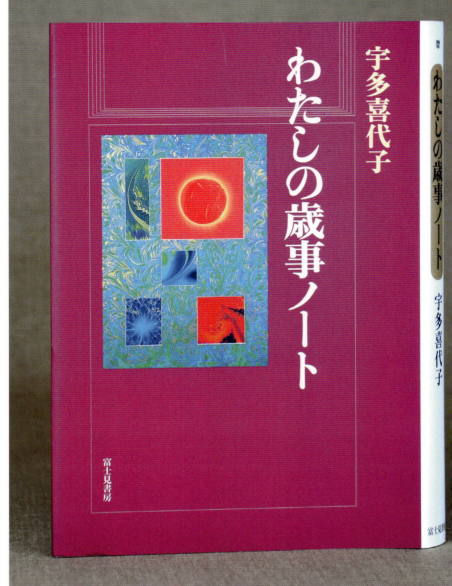

128.『わたしの名句ノート』　My Notes on Famous Haiku

著　者：宇多喜代子　Kiyoko Uda
発　行：東京、富士見書房、2004 年
表　紙：紙装、上製本、ジャケット
内容とデザイン：正岡子規、高浜虚子、河東碧梧桐など 58 名の俳句を
　　　　　　　　解説した評論集。著者には『りらの木』『夏月集』などの句集の
　　　　　　　　他に『私の歳事ノート』など多数の作品がある。
　　　　　　　　　表紙デザインは、上記の著名な俳人の句をイメージした。

129.『わたしの歳事ノート』
My Haiku Notes on Festivals and Special Events

著　者：宇多喜代子　Kiyoko Uda
発　行：東京、富士見書房、2002 年
表　紙：紙装、上製本、ジャケット
サイズ：19.5 × 13.0 × 17.0（㎝）
内容とデザイン：本書は「予祝儀礼」「麦」「梅雨」などの歳事について、阿
　　　　　　　　波野青畝、高浜虚子、中村汀女などの俳句をあげて解説評論している。
　　　　　　　　　表紙デザインは、一年間を通して繰り広げられる歳事をイメージした。

130.『幻花抄』　　"Genkasho" Poetry

著　者：中村　稔　Minoru Nakamura
発　行：東京、青土社、2002 年
表　紙：紙装、上製本、ジャケット
サイズ：21.7 × 15.1 × 1.5（㎝）
内容とデザイン：詩人で作家の著者には、詩集『鵜原抄』、評論『宮沢賢
　　　　　　　　治』などの作品がある。
　　　　　　　　　表紙デザインは、『幻花抄』にある 10 編の詩をイメージした。

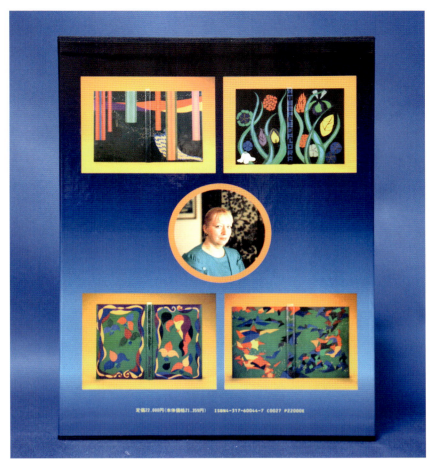

*合計 200 ページ、手造りの製本装幀本 169 点、デザインした本 15 点、
　ポスターなど 10 点を収録。カラー写真 約 300 枚、白黒写真 3 枚。

131. 132.　世界製本装幀界の巨匠
**　　　　『ティニ・ミウラの世界　1980－1990』上製本と函**
A Master's Bibliophile Bindings
Tini Miura 1980－1990

*11 年間の制作活動を詳細に記述。

特　徴

*ティニが、1980 年から 1990 年迄の 11 年間に制作した主な作品
　を収録した。

発　行：東京、教育書籍、1990 年
表　紙：布装、上製本、ジャケット
本のサイズ：34.8 × 25.2 × 2.2（㎝）
函のサイズ：35.6 × 26.8 × 2.9（㎝）
参　照：p. 50, 95, 113, 153, 202 に同名の本がある。

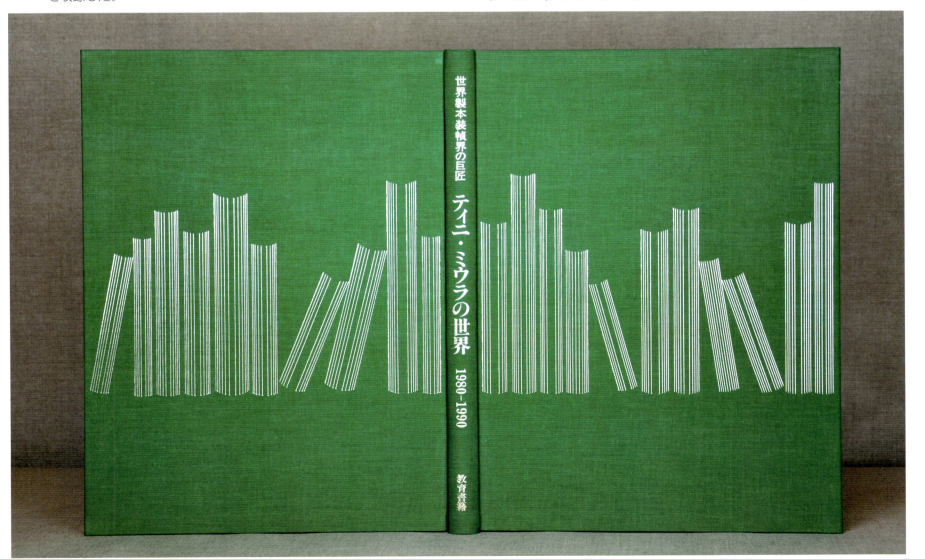

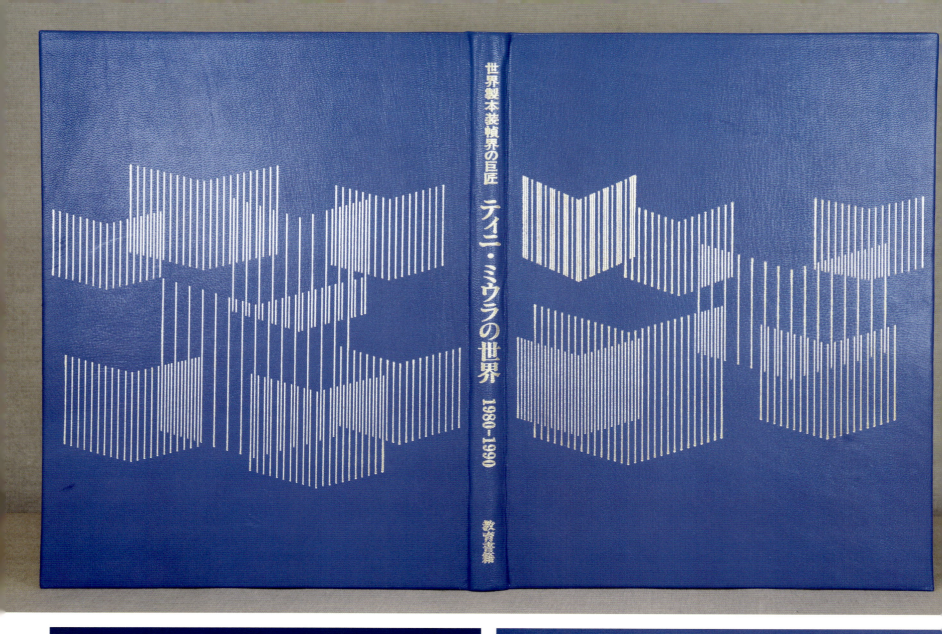

133. 世界製本装幀界の巨匠
『ティニ・ミウラの世界　1980−1990』特装限定本
A Master's Bibliophile Bindings
Tini Miura　1980−1990　Limited Edition

発　行：東京、教育書籍、限定 200 部、特装本、番号入り
　　　　著者のサイン入り、落款あり
表紙・総革装：丸背、青の山羊革に、金箔押し
見返し：三浦永年のオリジナル・マーブル・ペーパー
小　口：天金
サイズ：34.7 × 25.8 × 2.3（㎝）
夫婦函のサイズ：37.1 × 28.0 × 3.7（㎝）
デザイン：表紙は見開きにした本を配列し、愛書家の幅広い知識と教養
　　　　をイメージした。
参　照：p.50,95,113,153,201 に同名の本がある。

134. 世界製本装幀界の巨匠
『ティニ・ミウラの世界　1980−1990』英語版
A Masters' Bibliophile Bindings
Tini Miura　1980−1990　English Edition

発　行：東京、教育書籍、1991 年
表　紙：布装、上製本、濃紺の綿布、ジャケット
サイズ：34.8 × 26.2 × 2.2（㎝）
参　照：p.50,95,113,153,201 に同名の本がある。

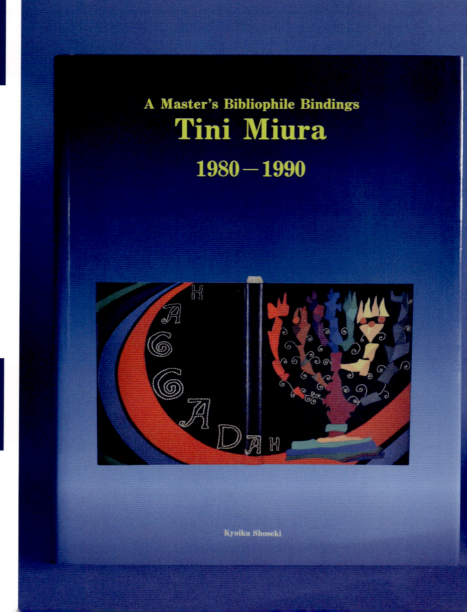

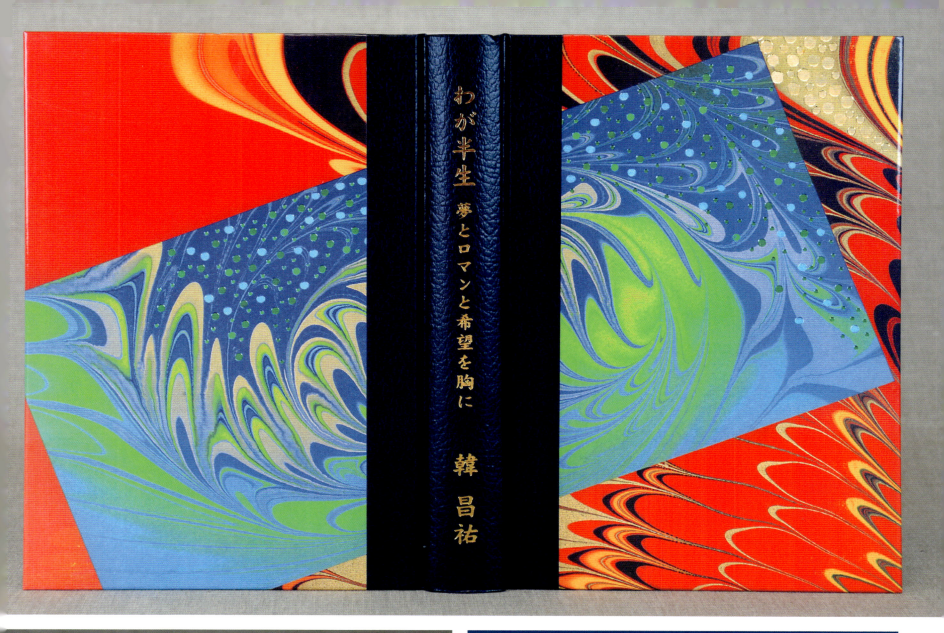

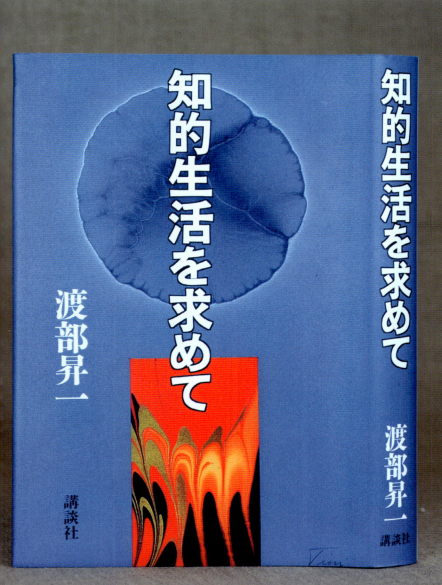

135. 『わが半生』
夢とロマンと希望を胸に
My Early Life
Dreams, Romance and Desires of the Heart

著　者： 韓　昌祐　Han Chang-u

発　行： 京都・東京、株式会社マルハン、2007年

表　紙： 紙装、上製本

表紙と見返し： ミックスメディア

サイズ： 21.6 × 14.5 × 3.0（㎝）

デザイン： 波瀾万丈の半生を綴った著者の人生観をイメージした。

参　照： p.97, 171, 190 に同名の本がある。

136. 『知的生活を求めて』
For Intellectual Life

著　者： 渡部昇一　Shoichi Watanabe

表　紙： 紙装、上製本、ジャケット

発　行： 東京、講談社、2000年

サイズ： 19.5 × 13.5 × 2.5（㎝）

参　照： p.118 に同名の本がある。

137. 『蓮への招待』 特装限定本
Introduction to Lotus Flowers　Limited Edition

著　者：三浦功大　Kodai Miura
発　行：東京、アトリエ・ミウラ、2005 年、限定 100 部
表紙・総革装：青の山羊革に金箔押し
見返し：マーブル・ペーパー
小　口：三方金
サイズ：26.4 × 18.3 × 4.6（㎝）
夫婦函：濃紺の布地に金箔押し
函のサイズ：29.1 × 21.5 × 6.4（㎝）
特　徴
　＊金は、全て 24 金。
　＊マーブル・ペーパーは三浦永年の手造りで、1 冊あたり 6 種類使わ
　　れている。
　＊三浦功大、ティニ・ミウラ、三浦永年の 3 人の署名、落款、番号入り。
　＊上質の紙に、デザイン化された花蓮は各ページ天地左右連続した装
　　飾罫として、朱で印刷されている。
参　照：p.56,94 に同名の本がある。

138. 『蓮への招待』 上製本
Introduction to Lotus Flowers

著　者：三浦功大　Kodai Miura
発　行：東京、西田書店、2004 年
表　紙：紙装、上製本、ジャケット
見返し：三浦永年制作のオリジナル・マーブル・ペーパー 2 種類を使用
サイズ：21.3 × 15.3 × 3.6（㎝）
参　照：p.56,94 に同名の本がある。

39

41

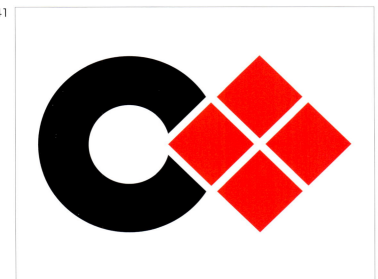

42

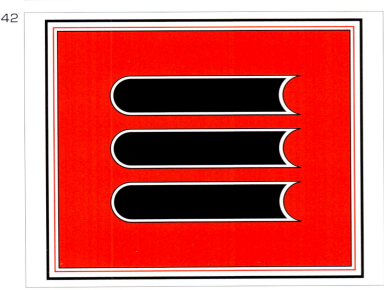

43

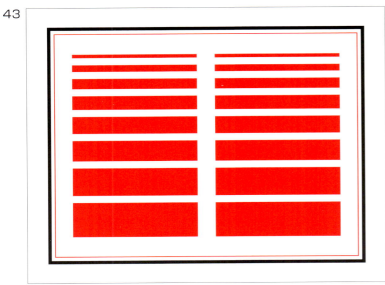

ASSOCIATION INTERNATIONALE
DE BIBLIOPHILIE
JAPON, 1999

140

139. 青島国際版画ビエンナーレ　シンボル・マーク
Symbol Mark of Qingdao International Print Biennale
Exhibition 2000

　2000年11月20日、第1回青島国際版画ビエンナーレが中国の国立青島市美術館で開催された。審査は既に9月に終えており、その時点で金賞の賞状とビエンナーレのシンボル・マーク制作の依頼を受けた。

　英語表記でQingdaoのQを海岸線の波濤とし、中央の山々の景勝地山労山は、秦の始皇帝・前漢の武帝ともゆかりが深く、道教の聖地としても有名で、この山並を図案化した。

　青島市は山東省の中にあり、遼東半島の南に位置し、海岸線は約760キロに及び、北京オリンピックのセーリング競技会場として使われた。ドイツ風の建物が並ぶ異国情緒豊かで、国家歴史文化名所に指定されている。人口750万の近代的な港湾都市として発展している。

140. 国際ビブリオフィル（愛書家）協会　日本開催ロゴ・マーク
AIB　Association Internationale de Bibliophilie

　国際ビブリオフィル協会の日本大会が、1999年9月に2週間にわたって開催された。同協会の本部はパリの国立図書館にあり、日本の図書館巡りには世界中から会員100名が参加した。奈良国立博物館、天理図書館、京都外国語大学図書館、大阪青山短期大学歴史資料館、龍谷大学図書館、京都国立博物館、慶應義塾大学図書館、早稲田大学演劇博物館、明星大学図書館、静嘉堂文庫などを訪れ、それぞれが所蔵する貴重書を見学し、堪能した。

　日本開催にあたり、ティニ・ミウラが大会旗、バッチなどの統一ロゴ・マークの制作を担当した。

　国際ビブリオフィル協会AIBのAは、日本の山の象徴である富士山、Iは小文字iの点を赤に色を換えて日の丸とし、Bは文字通り本の形にした。

141. 株式会社アートテック　シンボル・マーク
Symbol Mark of "Art Tec Co., Ltd."

　株式会社アートテックは、2014年10月設立の総合コンサルタント会社である。シンボル・マークの左側のCは、会社の理念である人間と人間の信頼関係Confidence and Communication、創造Creation、建築Construction、また○は地球と太陽を表し、自然環境に優しい社会の実現のため、右側の4つの◇形は会社創立者4名で十字にタスキをかけて、確固とした団結力の強さを表している。

142. アトリエ・ミウラの出版社マーク
Atelier Miura：Printer's Mark

143. アトリエ・ミウラの出版社マーク
Atelier Miura：Printer's Mark

Donation
The Miyagi Museum of Art：Miura Collection
of European Posters from Art Nouveau to Art Deco

1986 年宮城県美術館の開館に際し、前年の 1985 年に設立準備収集委員の一人で、和光大学教授・美術評論家の羽生一郎氏（宮城県出身）の強い要請により、ティニ・ミウラと三浦永年が蒐集していたアール・ヌーヴォー、アール・デコ期の石版画ポスターを寄贈することになった。その多くはロートレック「ル・ディヴァン・ジャポネ」（1893）、グラッセ、ミュシャなどのフランスのポスターやイタリアの超大型ポスターのコレクションが主体で、一番大きなジョヴァンニ・マタローニ「新聞社主催パーティ」は 3m21㎝もある。これらのイタリアのポスターの多くは、世界に 1 枚しか存在しない貴重なもの。約 100 点が三浦コレクションとして所蔵され、それ以降大きな展覧会が下記のように開催されてきた。
1987 年 2 月 28 日～ 4 月 5 日　宮城県美術館にて、
　　　　「三浦コレクション『世紀末のポスター展』」
1998 年 4 月 15 日～ 6 月 7 日　宮城・気仙沼市、リアス・アーク美術館にて、
　　　　「世紀末の女たち　ヨーロッパ・ポスター芸術の華」展

2003 年 11 月 18 日～ 12 月 14 日　宮城県美術館にて、
　　　「ヴィジュアル・メディアの時代—三浦コレクションによるベル・エポックのポスター」展
2005 年 10 月 7 日～ 23 日
　　　宮城・古川（現在大崎）市民ギャラリー緒絶の館にて、
　　　「三浦コレクション『世紀末ポスター展　ヨーロッパの街角を彩った芸術』」
2009 年 4 月 25 日～ 6 月 21 日　徳島県立近代美術館にて、
　　　「特別展　宮城県美術館・三浦コレクションによるヨーロッパ・ポスター芸術の開花　アール・ヌーヴォーから20世紀初頭まで」展
　①アレアルド・テルツィ　ローマ万国博覧会 1911　　1911 年
　②作者不詳　新聞社主催パーティ　　　　　　　　　制作年不詳
　③ジュール・シェレ　カンキーナ・デユボネ　　　　1895 年
　④ロートレック　ル・ディヴァン・ジャポネ　　　　1893 年
　⑤シューブラック　オペラ「エスカラモンド」　　　1889 年

① 202㎝× 138㎝

② 201㎝× 98㎝

③ 122cm × 85cm

④ 79cm × 60cm

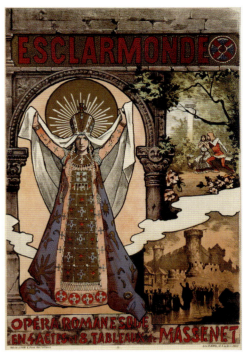

⑤ 120cm × 79.3cm

宮城県美術館

展覧会

展覧会

展覧会

展覧会

展覧会

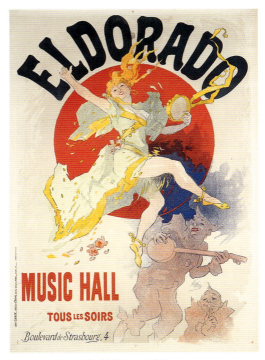

① 118cm × 82cm

Donation　The Kawasaki City Museum：
Miura Collection of European Posters
from Art Nouveau to Art Deco

川崎市市民ミュージアムは、ポスター、漫画、写真、絵画などの収集と展示のため、1988年に開館した。開館以前から川崎市在住で川崎市市民ミュージアムの設立準備委員会のメンバーであった和光大学教授・美術評論家の羽生一郎氏から再びティニ・ミウラと三浦永年のポスター・コレクションを譲ってほしいとの要請があり、全面的に協力することを約束した。

コレクションの主なものは、

1. オペラ、オペラ・コミック、バレエなどの貴重な初演ポスター
2. ミスタンゲット、ジョセフィン・ベーカーなどの人気エンターテナー大型ポスター
3. リキュールなどの飲み物ポスター
4. スペイン内乱ポスター
5. ロシア革命ポスター
6. 第1次世界大戦ポスター　などである。

川崎市市民ミュージアムの図録に「…当館のコレクションは、…特に開館に際して貴重なポスター300余点をご寄贈下さいました、三浦永年様、ティニ様ご夫妻にはこの場を借りて改めて御礼申し上げたいと存じます。…」と記載されている。

2004年4月3日～5月30日　川崎市市民ミュージアムにて
『三浦コレクション展　街角に咲いた芸術
　　　世紀末フランスの華麗なポスター』が開催された。
1988年の開館以来、小規模の展覧会が常設されている。

①ジュール・シェレー　ミュージック・ホール　1894年
②スタンラン　ヴァンジャンヌ殺菌牛乳　　　　1894年
③シャルル・ジェスマール　女優ミスタンゲット 1928年
④ポール・セルテン　女優ミスタンゲット　　　1933年
⑤アルフォンス・ミュシャ　モナコ・モンテカルロ 1897年
⑥アルフォンス・ミュシャ
　　1900年パリ万国博覧会オーストリア館　　1899年
⑦アルフォンス・ミュシャ
　　サロン・デ・サンでのミュシャ展　　　　　1896年
⑧ジュール・シェレー
　　エミール・ゾラの未発表小説『金』　　　　1890年
⑨アルフォンス・ミュシャ
　　サラ・ベルナール主演『サマリアの女』　　1897年
⑩ジュール・シェレー
　　エミール・ゾラの未発表小説『大地』　　　1881年

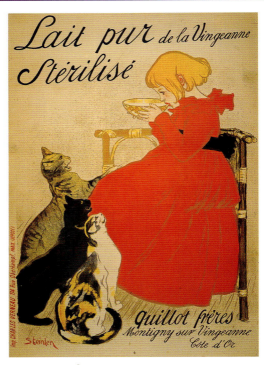

② 134.6cm × 95.1cm

③ 314cm × 113cm

川崎市市民ミュージアム

④ 316cm × 121cm

⑤ 110.3㎝×77㎝

⑥ 122㎝×90㎝

⑦ 62㎝×41㎝

⑧ 238㎝×85㎝

⑨ 174.8㎝×61㎝

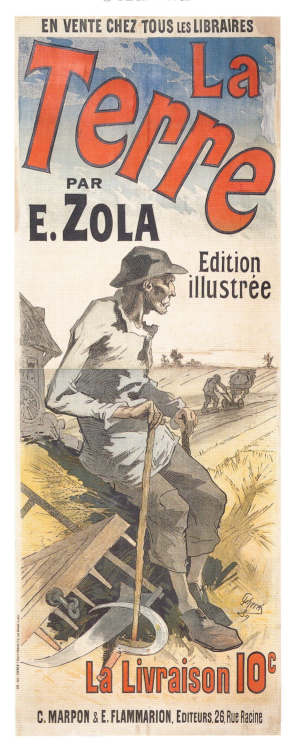

⑩ 236㎝×84㎝

THE ODYSSEY

ARCHEOLOGIST, "THE REAL INDIANA JONES", ACCORDING TO THE LONDON TIMES, DR. GARY STICKEL BRINGS TO LIFE HOMER'S ODYSSEY, THE GREATEST ADVENTURE STORY EVER TOLD. PAINSTAKINGLY, DR. STICKEL RECONSTRUCTED THE ANCIENT GREEK BRONZE AGE WORLD IN BOTH COSTUMES AND PAINTINGS AND INVITES YOU TO EXPERIENCE ITS MAGIC AND BEGIN YOUR OWN EPIC VOYAGE TONIGHT.

THE CHARACTERS	THE PLAYERS
HOMER	PAVO BLOOMQUIST
ODYSSEUS	MATT KELLY
PENELOPE	KAREN PELLANT
CYCLOPS	MARSHALL FOX
CIRCE/CALYPSO	BROOK HEATLEY
POSEIDON	MIKE PFAFF
TELEMACHUS	JOEY PUERTO
ATHENA	ELISABETH DEL SOL
ZEUS	YOUSEF KAMAL
EURYCLEIA	BETSY STEVENS

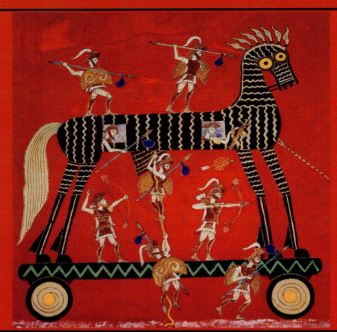

A FAMILY FRIENDLY PLAY

RECIPIANT OF CALIFORNIA STATE SENATE'S OUTSTANDING AWARD, 2008

PERFORMED AT

BOWERS MUSEUM

2002 NORTH MAIN STREET
SANTA ANA, CALIFORNIA 92706
WWW.BOWERS.ORG
714. 567.3677

TICKETS: A FAMILY OF FOUR $ 10.-, INDIVIDUAL: $ 5.-, FREE SEATING

146. 『オデュッセイ』 演劇ポスター

The Odyssey　　Poster for the Play

ジョージ・ルーカス監督のハリウッド映画「インディ・ジョーンズ」のモデルとなった考古学者のゲイリー・スティックル博士が中心となって、学生・一般市民と劇団を作って、ギリシャ劇を演じている。ロンドン・タイムスは、博士が古代ギリシャ最大の叙事詩人ホメロスの「オデュッセイ」で語り継がれた偉大なる詩に注目、古代ギリシャ青銅器に装飾として描かれた衣装絵画を綿密に再現したと報じている。
2008 年カリフォルニア州議会優秀賞受賞
場　所：オレンジ・コースト大学ロバート・ムーア劇場
日　時：2010 年 4 月 16 日（金）午後 7 時

制　作：ロスアンゼルス、2010 年
大サイズ：102.0 × 76.0（㎝）
中サイズ：48.3 × 32.9（㎝）
小サイズ：32.9 × 24.2（㎝）
は が き：15.0 × 10.0（㎝）
パンフレット：26.8 × 21.2（㎝）
デザイン：濃赤黄地に古典的なギリシャ文様を基本に文字と構図をまとめた。

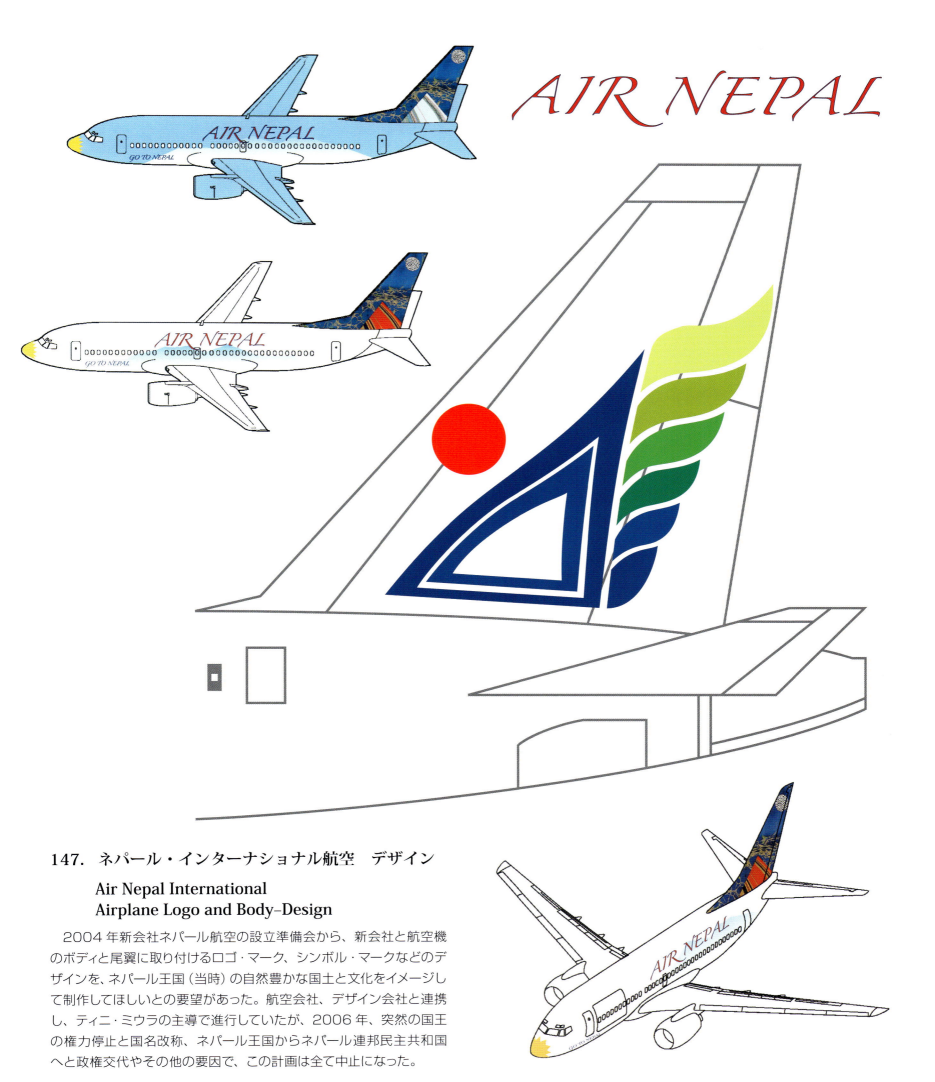

147. ネパール・インターナショナル航空　デザイン

**Air Nepal International
Airplane Logo and Body-Design**

　2004 年新会社ネパール航空の設立準備会から、新会社と航空機のボディと尾翼に取り付けるロゴ・マーク、シンボル・マークなどのデザインを、ネパール王国（当時）の自然豊かな国土と文化をイメージして制作してほしいとの要望があった。航空会社、デザイン会社と連携し、ティニ・ミウラの主導で進行していたが、2006 年、突然の国王の権力停止と国名改称、ネパール王国からネパール連邦民主共和国へと政権交代やその他の要因で、この計画は全て中止になった。

デザイン：シンボル・マークの赤い円は、宇宙万物の象徴として太陽と人類の平和を表し、濃紺と青の 2 つの三角形は、ネパールの国旗をイメージしてエベレストを頂点とする世界の屋根ヒマラヤ山脈を表し、緑・濃い緑・青・濃紺などの 6 つの炎のような形は、森、湖など

の豊かな自然を表している。

　また、全体的なデザインとしては、ネパールの国鳥であるニジキジをイメージに、円は頭部、三角形は胴体、炎のような形は飛翔する翼を表している。

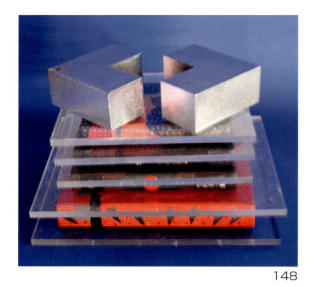

148

149

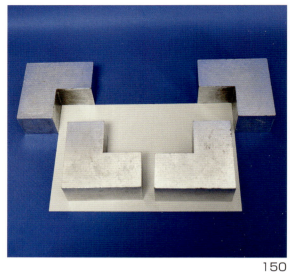

150

148.149.150.「L字型重し」
L–Shaped Weights

通称「ティニの重し」と言われる鉄製の重しは、腐食不可能の表面にするためメッキ加工がなされている。しかもこの重しは写真のようにL字型で、サイズは長辺10.0cm、短辺5.0cmで、重さ6.0kgとなっている。その利点は次のようなものである。

1. 持ちやすい。
2. 整理整頓しやすい。
3. 各角が全て90°であるため、本や函などの立体型を制作するのに便利である。

148.149.150.「アクリル製締め板」
Pressing Boards of Acrylic Resin

元来締め板は、木製一枚の板、木製の合板、あるいは厚紙製の合板などが使用されてきた。これらの締め板は、温度や湿度の変化によって曲がったり、歪んだりすることがある。ティニは1970年代半ばから、それまで誰も使ったことのないアクリル製締め板を使い始めた。厚さ12〜15mmのアクリル製の締め板は、幾つかの特徴がある。

1. 透明であるため、本を締め板の中央に置くことができる。
2. 一冊ずつ本を締め板の間にはさみ置くとき、正確に重ね合わせることができる。
3. 水や湿気に強い。

などの利点があるため、現在もこのアクリル製の締め板を使っている。しかし欠点として、表面に小さな傷がつきやすいことがある。

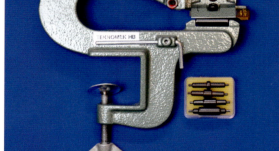

151

151.「手動式革漉き器」
Schärf–Fix：Leather Paring Instrument Using Razor Blades

写真はスウェーデン製の手動式革漉き器で最新のモデルである。ティニが初めて使ったのは1958年の古いモデルであった。それから数回改良が加えられ、微妙な革の調整にも対応している優れものである。ティニは1981年から米国全土で開催した製本装幀の実技講習会のたびにこの革漉き器を紹介してきた。

152.「消しゴム」 Erasers

消しゴムは、本の表紙デザイン、題名、著者名など「金箔押し」の工程で用いる。簡単に説明すると金箔押しをするとき、ブラス・スタンプを革の表面に押し当てて、浅い溝を作る。その溝にだけ金箔の接着剤として、卵白を塗る。次にその溝を中心とした革の表面をスウィート・アーモンド・オイルを染み込ませた綿タンポンで軽く撫でるようにして塗る。その上に溝より大き目の金箔を置き、熱したブラス・スタンプで溝をめがけて金箔を押して、金箔と革を接着させる。その後余計な金箔を拭い取るが、どうしても金箔がブラス・スタンプの熱でこびり付き残る場合がある。それを木製の細いスティックで取り除く。これらの工程を終えた後、この消しゴムを使って、いろいろな残物を取り除ききれいに仕上げる。この消しゴムは1970年代でもアメリカでは、天然ゴムの製品が多く使われていた。しかしこの天然ゴムを使って残物を最終的に取り去るとき、革の表面にゴム独特の成分が残ることがあったが、ティニがアメリカに持ち込んだ消しゴムは、特殊発泡体のソフト・プラスチック製で、

1. 文字を消しやすいこと。
2. 汚れをゴムくずに包み込む。
3. タッチ感覚。
4. 腰が有る。
5. 製品は白色で、汚れが目立ちやすい。

などの点で優れている。

152

153

154

155

153.「ペン・ナイフ」　Pen Knives

写真のようにペン・ナイフは、替え刃方式で、刃先が折れたり、欠けたりしたとき、直ちに新しいものに替えられる。この替え刃のサイズは、長さが 40㎜で、ホルダーの長さは 130㎜である。このナイフは装飾用の革や紙など 0.1〜0.5㎜の薄いものを切り取るのに適している。特にオルファ製のものが良く知られている。

154.「サンド・ボード」　Balsa Wood Sanding Boards

軽く柔らかいバルサ木材の縦 30×横 10×幅 1.5（㎝）の大きさの平材を 3つ用意して、粗目、中目、細目の 3種類のサンド・ペーパーを貼り、用途に応じて使用する。

155.「花布用絹糸」　Silk Threads for Headbands

古来から奈良、京都では伝統的な美術工芸品が生み出され、特に着物の制作に極太、太、中、細、極細など 5種類の絹糸や木綿糸が数千種類にも及ぶ多くの色に染められ使われてきた。しかも現在でも少なくとも 300種類以上の色彩の絹糸や木綿糸が市販されている。一巻の長さは約 100m である。ティニはこれまでに花布の制作に約 15,000 個以上をアメリカに持ち込んだ。

156

156.「しわ紙」
Crinkle Craft Paper

しわ（皺）紙、製本の背固めをするときに用いるしわしわのクラフト中性紙。

157

158

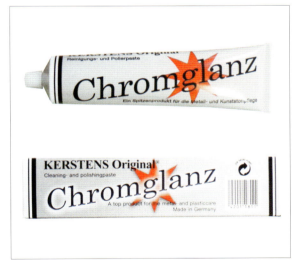

159

157.「製本用糊」　Paste for Bookbinding
158.「製本用膠」　Glue for Bookbinding

当時製本用の良質の糊と膠はなかったので、以前から使用していた細かく粘りのある中性の小麦粉から精製した「糊」と、動物の骨や皮革を煮込んで作る良質で球型の「膠」をドイツから輸入し、1981 年から米国全土で行なってきた製本装幀の実技講習会を通じて普及してきた。

159.「刃研磨ペースト」　Chromglanz Abrasive Paste to Sharpen Paring Knives

革漉き用ナイフの刃を厚口の磨き革の上で鋭く研磨するときに、練り状の研磨剤を補助として用いる。この研磨剤はドイツ製である。

＊ドイツのキールに美術大学教授の父と作曲家ブラームス家系の母の間に生まれる。

＊西ドイツの美術学校卒業後、パリのエコール・エスティエンヌ美術大学のモンドーンジ教授に美術と製本装幀芸術を学ぶ。

＊イギリスのエリザベス女王、スウェーデンのグスタフ国王をはじめ各国の王室の公式文書を制作。

＊最高の名誉であるノーベル賞賞状の制作を担当、日本の受賞者の川端康成などの賞状も制作。

＊超大型版鳥類図鑑『アメリカの鳥』、超大型版植物図鑑『ボタニカ・マグニフィカ』など美術館・博物館・蒐集家への愛蔵本、貴重本を多数制作。

＊展覧会 ： パリ、ボストン、東京、大阪、上海、青島など世界の都市で 40 回以上開催。

＊著　書 ：『私の製本装幀芸術の世界』『美しい本』『ティニ・ミウラの世界　1980－1990』などがある。

＊蒐　集 ： ロートレック、ミュシャなどのアール・ヌーヴォー期のポスターの蒐集家として有名。宮城県美術館や川崎市市民ミュージアムなどに約 700 点を寄贈した三浦コレクションがある。

＊アトリエ ： 東京とロスアンゼルスに持ち、国際的に活躍中。

＊役　職 ： 米国製本装幀大学の創立者、学長及び教授として、本格的な手造り製本装幀本制作者の育成に尽力。
　明星大学客員教授，広島市立大学講師
　宮城芸術文化館館長
　中国・国立青島市美術館顧問

Tini Miura

＊Tini Miura was born in Germany. She studied bookbinding and design in Kiel and Flensburg, winning first prize in her country for best graduationwork.

Tini continued her studies in Switzerland and Paris at the famed Ecole Estienne and received her master degree in Stockholm, Sweden in 1975.

＊Her work can be found in royal collections as well as museums, libraries and private homes throughout the world. Tini has exhibited her work more than 40 times on three continents, and has won many international awards.

＊Five books have been published so far on her bindings and book designs, which include the facsimile edition of "Audubon's Birds of America" double elephant folios.

Other well known works include the Nobel Prize diplomas, done while living in Sweden and the "Global Citizen Award"

＊Tini has been featured in several television documentaries and numerous magazine and newspaper articles.

Tini has lectured worldwide, taught at the School for Graphic Professions in Stockholm, Sweden, as well as being guest professor for many years at Meisei University, Tokyo, Japan.

＊She is the co-founder and was director/professor of the American Academy of Bookbinding for 13 years in Telluride, Colorado, USA.

＊Tini is the director of Miyagi Museum of Art and Culture.

＊Tini is also an advisor to the National Qingdao Art Museum, Qingdao, China.

京都・龍安寺石庭にて

1990 年　1 月　1 日～4 日　アメリカ・コロラド州テリュライドにて、米国製本装幀大学設立について、話し合いを行なう。
　　　　　2 月　　　　　　東京・麻布台のアメリカン・クラブにて、『製本装幀本』について、講演を行なう。
　　　　　4 月　　　　　　『ロイヤル・ビジターズ・ブック』を東京・新宿の㈱教育書籍から刊行する。
　　　　　5 月　　　　　　ノースカロライナ州のペンランド美術工芸学校にて、『製本装幀本』について、実技指導と講義を行なう。
　　　　　6 月～7 月　　　コロラド州テリュライドのアー・ハー美術学校にて、『製本装幀』の講座を設立し、夏期実技指導を行なう。
　　　　　7 月　5 日～7 日　中国・青島国際ビエンナーレの審査員として招待される。
　　　10 月 15 日　ティニの作品集『世界製本装幀界の巨匠　ティニ・ミウラの世界　1980−1990』が、東京・新宿の㈱教育書
　　　　　　　　　籍から総 200 ページ、手造りの製本装幀本 200 点を紹介、上製本と総革装 200 部限定本が出版される。英
　　　　　　　　　語版も㈱教育書籍から翌 1991 年に出版される。
　　　10 月　　　　東京・日本橋高島屋にて、『世界製本装幀界の巨匠　ティニ・ミウラの世界
　　　　　　　　　1980−1990』展が開催される。約 100 点の製本装幀本が展示される。

日本橋・高島屋で開催された展覧会の模様と正面に掲げられた垂れ幕

　　　　　11 月　　　　　　ワシントン DC のアメリカ合衆国国会議事堂図書館にて開催された全米造本家協会の総会において、『製本装幀
　　　　　　　　　　　　　本』について、実技講習会と講演を行なう。
　　　　　11 月 15 日～20 日　大阪・高島屋にて、『世界製本装幀界の巨匠　ティニ・ミウラの世界　1980−1990』展が開催される。
　　　　　冬　号　　　　　『the URBEST』誌に、ティニ制作のポーの詩集『大鴉』が掲載される。

1991 年　4 月 24 日～5 月 8 日　ティニが主宰する日本製本装幀芸術協会（JBBS）の会員 14 名と『ドイツの図書館めぐり』を行ない、
　　　　　　　　　　　　　ブレーメンからミュンヘンまでロマンチック街道、メルヘン街道を通り、さらにオーストリア・ウィーンまでの
　　　　　　　　　　　　　旅行で、ヴォルフェンビッテルのヘルゾック・アウグスト図書館、グリム兄弟博物館、ドイツ壁紙博物館、オッ
　　　　　　　　　　　　　フェンバッハ革工芸博物館、バンベルグ図書館、グーテンベルグ図書館、ウルム図書館、バイエルン州立図書館、
　　　　　　　　　　　　　などが所蔵する貴重書を見る。その間、ライン下り、ノイシュバンシュタイン城、アルテ・ピナコテーク、ノイ
　　　　　　　　　　　　　エ・ピナコテークやミュンヘン歌劇場でのヴェルディ作曲の「シチリア島の夕べの祈り」なども堪能する。
　　　　　6 月～7 月　　　コロラド州テリュライドのアー・ハー美術学校にて、『製本装幀』の実技指導と講義を行なう。
　　　　　7 月　1 日～13 日　東京・銀座の牧神画廊にて、ティニの『オーローグラフ展』が開催され、約 45 点展示される。
　　　　　7 月　　　　　　東京・北区にある「紙の博物館」で、三浦コレクション『魅惑のマーブル・ペーパー展』が開催される。
　　　　　　　　　　　　　9 月号『Seven Seas』誌に「製本装幀家ティニ・ミウラ女史の最高級芳名録『ロイヤル・ビジターズ・ブック』」
　　　　　　　　　　　　　の記事が載る。
　　　　　10 月　　　　　　フジ TV　ヤング・ナウで TV インタビュー。

1992 年　5 月　　　　　　テレビ東京とテレビ大阪にて、『新　美にいきる、きらめきの技を極める、ティニ・ミウラの世界』ドキュメン
　　　　　　　　　　　　　タリー 30 分番組が放映される。
　　　　　6 月～7 月　　　コロラド州テリュライドのアー・ハー美術学校にて、『製本装幀』の実技指導と講義を行なう。

1993 年　4 月 23 日～5 月 8 日　日本製本装幀芸術協会（JBBS）の会員とアメリカの愛書家の合計 18 名で『北欧 4 カ国の図書館
　　　　　　　　　　　　　を訪ねる旅』を行ない、デンマーク王立図書館、スウェーデン王立図書館、ウプサラ大学図書館、スコークロス
　　　　　　　　　　　　　ター図書館、ストックホルム大学図書館、ドロッティングホルム王立図書館、ガムラスタン王宮図書館、ヘルシ

スウェーデン・ウプサラ大学図書館にて

ストックホルム郊外での友好親善パーティーの一場面

ンキ大学図書館などが所蔵する貴重書を見学する。その間、ストックホルム国立オペラ・ハウスでのレオン・カバレロ作曲「道化師」やマスカンニ作曲「カバレリア・ルスティカーナ」の歌劇の鑑賞や、ストックホルム・ヘルシンキ間の15時間のバイキング・クルージングを楽しむ。

5月　　　アメリカ・コロラド州テリュライドにて、米国製本装幀大学が開校される。

1994年11月17日〜12月2日　ブラジル・サンパウロとリオデジャネイロ、アルゼンチン・ブエノスアイレスで、『製本装幀』の実技講習会と講演を行なう。

1995年　4月22日〜5月7日　日本製本装幀芸術協会（JBBS）の会員とアメリカの愛書家の15名で、『イギリスとアイルランドの図書館めぐり』を行ない、アイルランド・ダブリンのトリニティ・カレッジ図書館、英国のダーラム大学図書館、マンチェスター大学のジョン・ライランズ図書館、オックスフォード大学ボドリアン図書館、大英博物館・キングス図書館、ヴィクトリア＆アルバート博物館などの所蔵する貴重書を見学する。またその間、パヴァロッティ主演のヴェルディのオペラ『仮面舞踏会』を楽しむ。

英国のダーラム大学図書館にて

11月　3日　NHK衛星放送、文化の日特集、ドキュメンタリー60分番組『美しい本との出会い』が放映される。シンガー・ソング・ライターの谷村新司芸能生活25周年を記念して、これまでにヒットした作詞25編を自選自筆した『旅立ち』をティニが製本装幀する工程を東京、福井、ニューヨーク、コロラドなどの各地で撮影されたドキュメンタリーで、映画監督保坂延彦が担当した。その後5回再放送される。

冬　号　　『ARCH vol.15 Winter 1995』に、「バーン＝ジョーンズとケルムスコット・プレス刊本『チョーサー著作集』」というタイトルで、美しい挿絵の入った美術本を紹介する。

1996年　4月　　『Monthlyとーぶ』誌No.564のヒューマン・リポート―人間大好き―に、「大切にしたい美しい本との出会い」の記事が載る。

7月　　　日本郵船・客船『飛鳥』にて、『ティニの展覧会』を開催する。

9月15日〜11月10日　スウェーデン・ウタースベルグにあるアスレー・ギャラリーで、スウェーデン製本装幀家協会主催の『製本装幀芸術展』（グループ展）が開催され、これに参加。10月13日同ギャラリーで『大陸間における製本装幀芸術』について、スライド・ショーと講演を行なう。

10月〜11月　1986年4月から10年7ヵ月、ニューヨーク・ソーホーに構えたアトリエを、カリフォルニア・ロングビーチに移転し、現在に至る。

ニューヨーク・ソーホーのアトリエがある建物とアトリエ内部（左3点）
カリフォルニア・ロングビーチのウォーカー・ビルとアトリエの内部（右2点）

11月 7日　朝日カルチャーセンター（新宿住友ビル）にて、『私の製本装幀芸術を語る』の公開講座が行なわれる。

1997年　4月18日～5月2日　日本製本装幀芸術協会（JBBS）
の会員6名で『スペインの稀覯書を見る旅』
を行ない、バルセロナ大学図書館、エル・エ
スコリアル修道院図書館、スペイン国立図書
館、サラマンカ大学図書館、シーマンカ公文
書館などの所蔵する貴重書を見学する。その
間ガウディのサグラダ・ファミリア教会、グ
ルネイ公園、プラド美術館、グラナダ・アル
ハンブラ宮殿などを楽しむ。

サラマンカ大学の有名な外壁と図書館の
内部

　　　　　9月　　　国際ビブリオフィル協会（AIB）の総会と図
書館めぐりが、オランダで開催され、デン・ハーグ国立図書館、ライデン大学図書館、アムステルダム国立博物
館などの所蔵する貴重書を見学する。

　　　　10月29日　アメリカのボストンで開催された『世界市民人道賞』授与式に出席。賞状制作者として紹介される。

1998年　1月13日　広島市立大学芸術学部にて、『製本装幀芸術』について、スライド・ショーと講義を行なう。
　　　　　2月26日　スウェーデン・ストックホルムにある王立図書館で、スウェーデン製本装幀家協会主催の総会に出席し、『製本
装幀芸術』について、スライド・ショーと講演を行なう。
　　　4月15日～6月7日　宮城県気仙沼市にあるリアス・アーク美術館にて、宮城県美術館所蔵の三浦コレクション約50点が「世
紀末の女たち　ヨーロッパ・ポスター芸術の華」というテーマで展示される。
　　　　　5月号　　『夢丼』誌に、「詩集『旅立ち』を語り合う」の記事が写真入りで載る。歌手谷村新司とティニの本についての対
談である。
　　　　　9月　　　東京・銀座・ニューメルサにて、『ティニ女史のグラフィック新作展』を行なう。
　　　9月27日～10月2日　国際ビブリオフィル協会（AIB）の総会と図書館めぐりが、イタリア・トリノで開催され、トリノ
国立図書館、トリノ市立歴史公文書館、レオネ博物館＝市立図書館、エジプト博物館などの所蔵する貴重書を見
学する。
　　　　　秋　　　　カリフォルニア州ピコ・リベーラのケーター＝クラフツ製本所社長メル・ケービンが1994年にティニのデザ
インと制作で限定400部の豆本『本の表紙でその内容がわかる』を出版した。世界21カ国33名の製本装幀
家にこの本の手造り制作を依頼し、そのデザインとともに作者の略歴、制作意図等について記述した本がこの頃
に限定出版された。その中でティニは2ページにわたって紹介される。
　　　　12月号　　『第三文明』誌に、「芸術本を作る製本装幀の技術を後世に残したい」の記事が4ページにわたって紹介される。

1999年　2月 6日　アメリカ・シカゴにあるコロンビア大学で、『製本装幀芸術』について、スライド・ショーと講演を行なう。
　　　　　2月11日　スウェーデン・ストックホルムで、全国印刷製本会社連合会の特別ゲストとして、『赤の色彩』について、スライド・
ショーと講演を行なう。
　　　3月14日～5月9日　東京・北区飛鳥山公園にある「紙の博物館」で、三浦コレクション『魅惑のマーブル・ペーパー展』
が開催され、所蔵する16～18世紀のマーブル・ペーパー、創作マーブル・ペーパー、本など約60点を展示する。
4月17日『魅惑のマーブル・ペーパー』について、スライド・ショーを行ない、会期中の入場者数10,000
人を超える大盛況。
　　　9月25日～10月4日　東京・青山・国際画廊青山ギャラリーにて、『魅惑のマーブル芸術　ティニ・ミウラ新作展』―自
然と宇宙との調和―が開催され、ティニの作品約50点が展示され、オープニング・パーティに約50名が出席。
　　　9月26日～10月5日　国際ビブリオフィル協会（AIB）の総会と図書館めぐりが日本にて開催され、世界各国から約100
名の愛書家が参加し、初日の京都・都ホテルでの開会式に始まり、奈良国立博物館、天理図書館、京都外国語大
学図書館、大阪青山短期大学歴史資料館、龍谷大学図書館、明星大学図書館、静嘉堂文庫、慶應義塾大学図書館、
早稲田大学演劇博物館などが所蔵する貴重本を見学する。閉会式は東京・椿山荘で行なわれる。
　　　11月21日～27日　丸善・日本橋店4階ギャラリーで、『魅惑の製本装幀とグラフィック芸術　ティニ・ミウラ展』が開催
される。会期中の25日にギャラリーにて、『製本装幀芸術を語る』の講演を行なう。
　　　　12月 1日　東京・丸の内のパレス・ホテルにて、ロレアル賞の授与式が行なわれ、賞状制作者として出席する。
　　　12月10日～20日　中国・上海にある魯迅記念館にて、『TINI製本装幀本作品展』が開催され、作品65点が展示される。

初日午前10時から日本からの参加者25名、上海大学学長、上海博物館館長、魯迅記念館館長などを含め、約200名の出席のもとに開会式が行なわれる。TV放映を始め新聞にも掲載される。

上海・魯迅記念館の展覧会の開会式

2000年 1月 9日～22日　中国・青島にある国立の青島市文化博覧中心美術館（国立青島市美術館）で、「ティニ・ミウラ製本装幀芸術展」「三浦永年芸術作品展」の『青島国際檄清展』が、市長、博物館長、美術館長など約200名の出席者のもとに開催され初日午前10時から開会式が行なわれる。10日国立青島市美術館芸術顧問に就任。

1月11日　『青島日報』紙で、「青島国際芸術作品劇清展開幕」のタイトルで記事を載せている。

1月11日　『青島晩報』紙で、展覧会の様子を写真入りで紹介する。

2月 4日～13日　横浜・伊勢佐木町・有隣堂ギャラリーで、ティニ・ミウラの『新作グラフィック展』が開催され、作品約50点展示される。5日と11日に講演を行なう。

2月17日～3月18日　高知県伊野町にある、いの町紙の博物館で、『アメリカの鳥』とティニ・ミウラの世界展の展覧会が開催される。初日午前10時から開会式が行なわれる。同日高知新聞夕刊に写真入りで紹介される。また21日の同紙に「読後のイメージが大切」の記事が紹介される。

4月25日～5月9日　日本製本装幀芸術協会（JBBS）の会員15名と『フランスの図書館めぐり』を行ない、パリ国立図書館、国立ソルボンヌ大学図書館、国立フランス学士院図書館、オルセイ美術館、シャンティイ・コンデ図書館、ルーヴル博物館、アーセナル図書館などの貴重書を見学する。また、リオン、アビニオンなどの図書館、博物館などを訪れる。

シャンティイ・コンデ図書館にて

5月22日　アメリカ・コロラド州テリュライドの米国製本装幀大学の実技講習と講義が開始される。季刊誌『テリュライド』夏季号に、主題「Under cover」、副題「How to bind book」カラー写真4枚白黒写真1枚、4ページにわたって記載される。

9月11日～13日　東京・青梅市の明星大学日本生活学部で、『製本装幀芸術』について、集中講義する。

9月17日～22日　国際ビブリオフィル協会（AIB）の総会と図書館めぐりがドイツ・ベルリンで開催され、有名美術館、博物館、図書館などを訪れる。その中で圧巻は、国立ベルリン図書館所蔵のバッハ作曲『ブランデンベルグ・コンチェルト』、ベートーベンの『交響曲第五番「運命」』、モーツアルトの最後のオペラ『魔笛』、その他ブラームス、シューマンなどの手書きのオリジナル楽譜などの陳列であった。

9月27日～29日　中国・青島の青島国際版画ビエンナーレの審査員として、招待される。

11月20日　上記のビエンナーレの表彰式に出席、金賞受賞者に手造りの賞状を贈る。また大会のシンボル・マークの制作も依頼される。

2001年 1月号　中国の『報道出版ガイド・ジャーナル』の人物の欄で写真入りで紹介される。

1月号　中国の『月刊文化』に6ページにわたって、写真入りで掲載される。

6月 1日～8日　アメリカ・コロラド州テリュライドの『The Telluride Watch』誌の「芸術と娯楽」の欄で「手造りの本の豊かな感覚と芸術家としての手腕」という題で、大学の紹介が写真入りで掲載される。

6月 7日　『日刊テリュライド・プラネット』紙に、学生の製本装幀本がテリュライドの博物館で展示されるという記事が載る。

7月号　中国・山東友誼出版社から出た李兢喆（Li Jingghe）著『女性注視』（A WOMAN'S FOCUS）の〈一個唯美主義的内情境〉で、白黒写真10枚を含む9ページにわたって紹介されている。

8月 1日　『o-cube』の8＋9月合併号に、ティニと永年のインタビュー記事とカラー写真12枚を載せて紹介している。

9月16日～22日　国際ビブリオフィル協会（AIB）の総会と図書館めぐりが、スペイン・バルセロナで開催される。カタルニア図書館、モンツェラット修道院図書館、バルセロナ大学図書館、ペララダ城図書館、マジョルカ島図書館などの所蔵する貴重書を見学する。

12月 3日　ホノルルのハワイ州立図書館機構ハワイ・パシフィック読書室にて、『製本装幀芸術』について、スライド・ショーと講演が行なわれる。

12月 8日〜9日　カリフォルニア州ピコ・リベーラのケーター=クラフツ製本所で、『製本装幀』の実技講習会を行なう。

2002年　9月 4日〜7日　『国際マーブル紙制作者大会』がアメリカのテネシー州のアローモンド美術学校で開催され、世界中から300名が参加し、実演、講演は13を数え、ティニの講演は『オーローグラフを活用しての製本装幀本』で、永年は講演『墨造りの工程』と実技講習会の『墨流し』を行なう。

9月18日〜22日　ミネソタ州ミネアポリスで、全米造本家協会の総会が約180名の参加のもとに開催される。ティニと永年が参加する。

9月29日〜10月5日　国際ビブリオフィル協会（AIB）の総会と図書館めぐりが、南アフリカのケープタウンで行なわれ、ケープタウン大学図書館、ケープタウン国立図書館、キルステンボッシ植物園、ステレンボッシ大学図書館、南アフリカ博物館、ハリー・オッペンハイマー図書館などが所蔵する貴重書を見学。二人が書いた本にサインしてほしいとの要望があり、この地にも自分たちの本が所蔵されていることに感激する。

2003年　3月号　『東京人』誌に、「手造りの豪華製本装幀の世界」の記事が4ページにわたって掲載される。

4月号　『清流』誌に、「喜びは美しい製本装幀とマーブル・ペーパーなり」の記事が4ページにわたって掲載される。

3月25日〜4月26日　東京・渋谷のギャラリー・スュール・ミュールで、ティニと永年制作の『魅惑のマーブル・ペーパー展』が開催される。

5月 7日〜18日　ブルネイ王国のエンパイヤー・ホテルにて、『ティニ・ミウラのグラフィック展』が開催される。

5月20日　アメリカ・コロラド州の『日刊テリュライド・プラネット』で、「製本装幀のメッカ4名の卒業生を出す」の記事が紹介される。

5月23日　米国製本装幀大学の第1回卒業式がアメリカ・コロラド州テリュライドのウィルキンソン公立図書館で午後5時から約60名の出席のもとに挙行され、4名の卒業生を送り出す。6時半からガラ・ディナーがルスティコ・レストランで開催される。

8月号　『印刷雑誌』誌に、「芸術としての製本装幀」の記事で紹介される。

9月 1日　東京・玉川高島屋デパート地下の店舗『クサカンムリ』のロゴとパッケージをデザインする。

9月21日〜30日　国際ビブリオフィル協会（AIB）の総会と図書館めぐりが、ロンドンで開催され、愛書家約200名が参加し、大英博物館、大英図書館、ランベス宮殿図書館、ウォームスリー図書館、バッキンガム宮殿クイーンズ・ギャラリー、ロンドン大学ゴールドスミス図書館、自然史博物館図書館、ヴァルマドンナ・トラスト図書館、ケンブリッジ大学トリニティ・カレッジのレン図書館、コーポス・クリスティ・カレッジのパーカー図書館などの所蔵する貴重書を見学する。

第1回卒業式での永年とティニ両教授

10月23日〜26日　アメリカ・コロラド州デンバーで、第23回全米造本家協会の総会が開催され、『最近の革装飾技法』「金細工とアガード・ストーンを使っての装飾」について、実技講習会と講演を行なう。

11月18日〜12月14日　宮城県美術館にてティニと永年が寄贈したアール・ヌーヴォーのロートレック、ミュシャなどの『三浦コレクションによるベル・エポックのポスター展』で約80点が展示される。29日に仙台ワシントン・ホテルで210名の出席のもとに、記念パーティが開催される。

2004年　2月20日　サンフランシスコ・アート・ブック・センターで『オーローグラフ・カバーの製本装幀本』について、講演を行なう。21日〜22日『製本のシミーズとスリップ・ケース』について、実技講習を行なう。

2月27日　ロレアル芸術と科学財団の公開講座が行なわれ、マーブル紙制作の実演を行なう。

4月 3日〜5月30日　川崎市市民ミュージアムにてティニと永年が寄贈したアール・ヌーヴォーのポスター約300点を中心に、『街角に咲いた芸術　世紀末フランスの華麗なポスター』展が開催される。

6月12日〜7月13日　カリフォルニア州ロングビーチのウォーカー・ビルディング・ギャラリーでの展覧会に、ティニの『タペストリー』と永年の『マーブル・グラフィック』で参加する。

10月16日　カリフォルニア州パサディナ美術工芸協会で『手造りの製本装幀本』について、講演を行なう。秋号　全米造本家協会のカリフォルニア版リーフレットNo.29に写真入りで紹介記事が載る。

11月 5日　カリフォルニア州ロングビーチのティニ・スタジオで、『歴史的な本』について、スライド・ショーを行なう。

11月6日〜7日、20日〜21日、12月4日〜5日、11日〜12日の8日間にわたって、ロングビーチのティニ・スタジオで『ケース・バインディング』について実技講習を行なう。

11月10日〜14日　ロードアイランド州プロビンスで全米造本家協会の総会が170名の参加者のもと開催され、これに出席する。

2005年　1月17日　広島市立大学芸術学部で、『製本装幀本』について、講義を行なう。
　　　　8月　6日　スウェーデン・ストックホルムで、『製本装幀本』について、講演を行なう。
　　　　8月　6日〜30日　スウェーデンを皮切りにドイツ、フランス、イギリスなどの図書館めぐりを4名の学生等と行なう。その間の19日〜20日に英国製本家協会の招待で、イギリスのバースにて『オンレイ装飾と金箔押し』について、実技講習会を行なう。
　　　　10月　7日〜23日　宮城県美術館所蔵三浦コレクション『世紀末ポスター展　ヨーロッパの街角を彩った芸術』が宮城・古川市民ギャラリー「緒絶の館」にて、開催される。

2006年　1月　広島市立大学芸術学部にて、『製本装幀本』について、集中講義を行なう。
　　　　2月26日〜27日　カリフォルニア州ピコ・リベーラのケーター＝クラフツ製本所で、『製本装幀本の制作』について、実技講習会を行なう。
　　　　4月24日〜8月4日　カリフォルニア州立大学オビアット図書館にて、『5世紀におよぶ手造りの製本装幀本』展が開催され、4月27日午後6時から開会式が行なわれ、記念講演『私の製本装幀本』スライド・ショーを行なう。
　　　　5月13日〜14日　アメリカ・オレゴン州アシュランドにあるブリスゴーのレッド・ブランチ修理本工房で、『製本装幀本の装飾と金箔押し』について、実技講習会を行なう。
　　　　5月19日　アメリカ・オレゴン州のサザン・オレゴン大学ハノン図書館で、『本の装飾の歴史と現代の製本装幀家の本』について、講演を行なう。
　　　　5月20日〜21日　上記レッド・ブランチ修理本工房で、『製本装幀の小口の装飾』について、実技講習会を行なう。

2007年　1月22日　広島市立大学芸術学部にて、『製本装幀本』について、講義を行なう。
　　　　2月13日・16日　サンフランシスコ・アート・ブック・センターで、『金箔押し』について、実技講習会を行なう。
　　　　2月20日〜3月30日　カリフォルニア州ロングビーチのティニ・スタジオで、『製本装幀』について、実技講習会を行なう。
　　　　6月　8日〜9日　カリフォルニア州ピコ・リベーラのケーター＝クラフツ製本所で、『製本装幀』について、実技講習会を行なう。
　　　　7月21日　カリフォルニア州ロングビーチのティニ・スタジオで（公開ボランティア・ワーク・ショップ）『墨造り工程』について、スライド・ショーを行なう。
　　　　秋　ドイツ・ハンブルグのブントパピエルヴェルラッグ出版社から『国際装飾紙』が刊行され、現在世界で活躍する25名の装飾紙制作者を紹介、ティニと永年等の制作者の紙、略歴について紹介している。
　　　　12月　7日〜9日　サンフランシスコ・アート・ブック・センターにて、『製本装幀』の実技講習を行なう。

2008年　1月18日〜3月1日　アメリカ・コロラド州マニトー・スプリングのアート・オブ・アート・センターで、『国際マーブル・ペーパー制作者展』が開催され、20名のアーティストが参加、日本からティニと永年が参加。
　　　　5月　9日　午後7時からアメリカ・ワシントンDCにある『スミソニアン国立自然史博物館』の高官会議室で、超大型版植物図鑑『ボタニカ・マグニフィカ』全5巻の出版と贈呈の記念パーティが100名の出席のもとに開催される。制作当事者として招待される。また200年前に出版された有名なオーデュボンの超大型版鳥類図鑑『アメリカの鳥』全4巻も特別に展示される。
　　　　5月号　アメリカの『アート・ニュース』誌に、ティニの記事がカラー写真5枚と4ページにわたって掲載されている。
　　　　7月8月号併合、アメリカの『ファイン・ブックス＆コレクションズ』で、超大型版植物図鑑『ボタニカ・マグニフィカ』をカラー写真25枚、4ページにわたって記事を掲載している。
　　　　9月30日、10月13日合併号　カリフォルニア州の『ロングビーチ・ビジネス・ジャーナル』（タブロイド判）紙が、ティニの略歴と生き方をカラー写真入りで一面に紹介している。
　　　　12月　4日　アメリカTVネットワークの1つCBSニュースが超大型版植物図鑑『ボタニカ・マグニフィカ』の製本装幀の取材のためティニのスタジオに来る。
　　　　※　Volume5-Edition 2, 2008、アメリカの『シルバーショッツ』誌に、超大型版植物図鑑『ボタニカ・マグニフィカ』について、カラー写真入りで4ページにわたって紹介記事が載る。

2009年	1月 9日	広島市立大学芸術学部で、『製本装幀本』について、集中講義を行なう。
	2月11日	スウェーデン王立科学アカデミーで、超大型版チューリップ図鑑『チューリッパエ・フォルトラム』の贈呈式に共同制作者として、ジョナサン・シンガーと出席、記念講演『製本装幀本』を行なう。
	4月25日〜6月21日	徳島県立近代美術館で、宮城県美術館所蔵三浦コレクションによる『ヨーロッパ・ポスター芸術の開花 アール・ヌーヴォーから20世紀初頭まで』が開催され、寄贈した約80点のポスターが展示される。期間中、招待され出席する。
	6月14日	カリフォルニア州パサディナの哲学芸術研究所で、『私の製本装幀芸術の世界』「文学の内容を表現するには、色彩と形を使って技法と芸術で一つの物語を作ることだ」をテーマにスライド・ショーと講演を行なう。

2010年	2月15日〜19日	アメリカ・ユタ州ソルトレイクシティのイーセン・エンサイン氏のスクラップ・オーク製本所で、『製本装幀』の実技講習会を行なう。
	2月18日	ユタ大学 J.W. マリオット図書館で、『製本装幀』について講演を行なう。
	秋	アメリカ・デラウェア州のオーク・ノル出版社から『綴じる糸』が出版された。20名の製本装幀家の仕事ぶり、やり方、姿勢、ものの考え方を記述している。ティニは10ページにわたって書いている。
	11月	1976年1月から約34年間、アトリエを構えていた東京・大田区から目黒区恵比寿へ転居する。

東京・大田区のアトリエの建物と内部

2011年	2月19日	カリフォルニア州ロングビーチのティニ・スタジオで、『装飾紙』について実技講習会を行なう。
	2月 7日〜11日	ティニ・スタジオでユタ州ソルトレイクシティの学生を実技指導する。
	5月12日	カリフォルニア州ロングビーチ大学の学生10名、ティニ・スタジオ見学に来る。
	6月11日〜15日	カナダ・トロントのカナディアン・ブック・アート・センターで、『製本装幀』の実技講習会を行なう。
	6月20日〜24日	カナダ・トロントで個人実技指導を行なう。

2012年	2月 1日〜4月3日	カリフォルニア州立大学ドミンゲス・ヒルズ校大学アート・ギャラリーで、『21人の芸術家、本を創造する』展に参加。2月1日、午後5時半から開会式が行なわれる。
	9月23日〜10月30日	カリフォルニア州ロングビーチ公立図書館で、『書物から得る知識』展が開催され、手造りの製本装幀本を展示する。
	10月15日〜30日	トルコ・イスタンブールの王宮美術館で、『国際マーブル・ペーパー展』が開催され、14カ国21名の芸術家の作品が展示された。ティニと永年が参加し、開会式で講演を行なう。右の写真は左から三浦永年、トム・リーチ（米国、サンタフェ歴史博物館パレスプレス局長）、ヒクメット・バルチュギル（トルコ、マーブル制作者）、ティニ・ミウラ、スフン・バルチュギル夫人。
	12月 8日〜16日	東京・町田のギャラリー＜季の風＞で、『ティニ女史の高品質革小物』展が開催され、グラフィック、マーブル・ペーパー、本、手帳、財布などが展示販売される。

王宮美術館前にて

2013年		依頼された本の制作に集中する。

2014年	7月 9日〜12日	ワシントンDCにある国立自然史博物館コールマン図書館にて、超大型版植物図鑑『ボタニカ・マグニフィカ』の写真撮影を行なう。

2015年		1月からティニの制作した手造りの製本装幀本の写真集（本書）のために資料集めを行なう。

あとがき

　このたび、25年ぶりに私の作品集『ティニ・ミウラの手造り豪華本1990〜2015』が、勉誠出版株式会社から刊行されることになりました。

　この本は、私の6冊目の作品集です。約25年間に制作した約1,000冊の中から厳選した手造りの革表紙の製本装幀本123点とデザインした本など37点、合計160点をカラー写真535点、白黒写真8点、解説文とともに掲載しました。

　これらの小型版本、中型版本、大型版本、超大型版本など様々な大きさの私の手造りの製本装幀本を通じて、私の本に対する考え、技術、情熱などを少しでも感じていただければ幸いに思います。

　この本の出版に携わって戴きました勉誠出版株式会社の池嶋洋次会長、企画・営業部松澤耕一郎氏、株式会社東京印書館の下中直人社長、営業部桝川大輔氏、大口製本印刷株式会社営業部新井賢一氏、写真撮影の後勝彦氏、三浦功大氏、マイケル・フォーブス氏、校正の山本秀樹氏と和田信裕氏、データ制作の福山仁範氏など多くの方々に大変お世話になりました。そしてこの本の出版に際し全力を尽くした夫の三浦永年に深く感謝致します。

　今後も健康には十分気を付けて、たゆまぬ努力と研鑽を重ね、より良い作品を発表していきたいと思っています。

2016年5月5日
米国・カリフォルニア・ロングビーチのアトリエにて
ティニ・ミウラ

世界の巨匠
ティニ・ミウラの
手造り豪華本
1990－2015

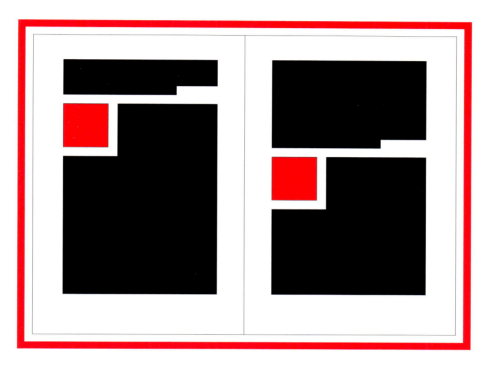

2016 年 6 月 23 日初版発行

作品制作 ——————— ティニ・ミウラ

発行者 ——————— 池嶋 洋次

発 行 ——————— 勉誠出版株式会社
〒101-0051
東京都千代田区神田神保町 3-10
共立ビル7階
TEL.03-5215-9021

企画・制作 ——————— 株式会社アートテック
〒107-0052
東京都港区赤坂 2-8-11
第11赤坂葵ビル603号
TEL.03-6277-7195

株式会社アトリエ・ミウラ
〒153-0062
東京都目黒区三田 1-4-4-1018

編集・レイアウト・解説・文・翻訳・写真
——————— 三浦 永年

写真撮影 ——————— 後 勝彦
三浦 功大
マイケル・フォーブス

データ制作 ——————— 福山 仁範

校 正 ——————— 山本 秀樹
和田 信裕

印 刷 ——————— 株式会社東京印書館
〒112-0013
東京都文京区音羽 1-22-12
リーフスクエア音羽ビル4階
TEL.03-5940-5329

製 本 ——————— 大口製本印刷株式会社
〒354-0046
埼玉県入間郡三芳町竹間沢東 3-6
TEL.049-259-7577